JN024031

この英文解釈クイズ本のきっかけ（Twitterクイズ）

　この「はじめに」を読んで下さっている方のどれくらいがご存じかはわかりませんが、私はかれこれ10年以上、SNSのTwitterで英語関連の情報発信をしており、私のアカウント（MR. BIG @Kazuma_Kitamura）は英語教育界隈の一部のサークルではまあまあ知られた存在になっています。このアカウントが少しずつ認知されるようになったきっかけが、数年前からアンケート機能を使って出題している英文解釈・英文法クイズでした。たいていは夜に出題してフォロワーの方に投票してもらい、24時間後に正解を示して解説するという類のものです。何気ない気晴らし程度の日課でしたが、徐々に英語教員の友人、知人などから肯定的な感想を頂戴するようになり、ありがたいことに「書籍化すればよいのに」といった声もチラホラ聞かれるようになりました。幸い、今回、出版社の左右社さんからその機会を頂くことができ、このような形で一冊の本にまとめるにいたったというわけです。

　したがって、本書はTwitterの英文解釈・英文法クイズを基にした英語学習書ということになります。掲載されている60題はTwitterで一度出題したものが大半ですが、それだけだと少し物足りないと感じる人のために本書のために書き下ろしたクイズも追加しています。

　上級者でも油断すると誤読しそうなものや正答率が予想外に低かったものなどを選んでいるため、かなり難しい問題も含まれています。よって、想定する読者としては大学入試レベル

文法知識と読解力を高める

上級英文解釈クイズ

北村一真
Kitamura Kazuma

**60 Quizzes for Advanced English Reading Skills
to Enhance Grammatical Knowledge
and Reading Comprehension**

左右社

の英文法はひと通り身につけていて、自分の文法知識や読解力を試してみたい人、中級より上の英語力を身につけたい人が中心です。さらには通勤・通学などの隙間時間にも勉強したい人などが挙げられます。

　もちろん、あくまでクイズですから、英語学習目的が半分、英語を使ったゲームが半分というふうに考えてもらうのがよいかと思います。文学作品やニュースなどから部分的に抜き取られた英文が素材になっていることに加え、選択肢が「名詞節」や「副詞節」といった文法用語のケースもあるので、中には戸惑う人もいるかもしれません。そこはあまり難しく考えすぎず、謎解き感覚で楽しみながら挑戦してみて下さい。スペースを十分にとれるという書籍のメリットを生かして、Twitterで出題した際には書ききれなかった詳しい解説を付けているため、しっかりと読んでもらえれば難しいものも問題ないのではないかと思います。謎解き感覚で読み進めるうちに、いつの間にか見落としていた文法事項や語法、英語を読む際の工夫などが身につけばまさに一石二鳥です。

　本書の執筆に際しては多くの方に助けていただきましたが、まずは企画の話を持ち掛けて下さり、執筆から刊行に至るまで面倒を見て下さった左右社の梅原さんに深く感謝したいと思います。また、大学時代からの友人であり、Twitterでクイズを始めた頃から書籍化を勧めてくれていたSF評論家の海老原豊君はゲラの段階で原稿を読んで、細かくコメントをしてくれました。この場を借りて御礼申し上げます。

＊　なお、2刷（2023年8月）の段階でTwitterはXと改称し、それに伴い関連する諸々の名称も変更となったが、本書は初版当時の名称をそのまま使用している。

目次

この本の構成・使い方

1 難易度と正解率

正解率は著者の Twitter アカウントでのクイズを
基にしていますが、本書掲載にあたって
クイズ内容を修正しているものもあるため、
参考値として記しています。
また、難易度は必ずしも正解率に対応しません。

| つまずきポイント |

命令文の特殊な用法を知らないと難し

作家スティーヴン・
がヒスパニオラ号
悪い副船長アロー

ルで問題ないです
ているのか謎だっ

第 24 問 命令文の意外な使い方

難易度 ★★★ / （正解率50%）

In the meantime, we could never make out where he got the
drink. That was the ship's mystery. <u>Watch him as we pleased</u>, we
could do nothing to solve it; and when we asked him to his face,
he would only laugh if he were drunk, and if he were sober deny
solemnly that he ever tasted anything but water.

…enson (1883): *Treasure Island*

問題となる第3文
を見れば命令文で
なところですが、
ng to solve it「私
なかった」という
分が従属節のよ
こで、命令文を用
用法を思い出すこ
法であり、現在の

2 問題文と選択肢

問題文は文学作品や思想書、ニュースなどから引用。
出典は 252 ページに記載しています。
興味がある人は原文を読んでみるのもよいでしょう。

下線部の意味に最も近いのは？

1 彼を好きなだけ見ろ

2 彼をどれだけ見ていても

3 彼を気のむくままに見ながら

4 彼をよく見ずに

uldn't reach the plac
はその場所には辿りつけ
u are not right.
なたは正しくない」

3 単語・語句

問題文の文脈での
意味を記載しています。

（単 語 ・ 語 句）

☐ make out 「理解する、発見する」

☐ to one's face 「面と向かって」

☐ sober 「しらふの」

占めの英語では

（ヒント）

1 動詞の原形から始まるということは命令文。

2 命令文を従属節のように使うのはどういうケース？

4 ヒント

自信がある人はヒントなしで挑戦してみましょう。

103

8

した。今回の英文もその形で、意味的には however hard we watched him「どれほど熱心に彼を観察しても」に近いものになります。よって、正解は ■ です。

　なお、第3文の後半部分には特殊な表現などはありませんが、and が結ぶものには注意が必要です。if節の挿入に惑わされずに、laugh and deny という動詞の並列をしっかりとつかみましょう。

$$
\text{he (S) would} \begin{cases} \text{only laugh (V1) (if he were drunk),} \\ \text{and} \\ \text{(if he were sober) deny (V2) solemnly} \end{cases}
$$

正 解　　■■■■■■■■■■　　　　　　　　　　6　正解

（訳例）

その間、彼がどこで酒を手に入れているのか、どうしてもわからなかった。それはこの船の謎だった。どれだけ彼を観察していても、その謎を解明することはできなかった。本人に面と向かって尋ねると、酔っていれば笑うだけだし、しらふであれば水以外のものを口にしたことはないときっぱりと否定するのだった。

7　訳例

訳は例の限りではありません。
余裕のある人は翻訳にも
チャレンジしてみてください。

この問題にも挑戦　第 04 問（P.23）
　　105

8　この問題にも挑戦

関連のある問題や似たタイプの問題へのリンクです。不正解だったときに参照するのもよいでしょう。
（リンクはない場合もあります。）

用語について

「句」とは？ (例:名詞句、形容詞句、副詞句)

2語以上で構成され、主語＋動詞 (SV) の構造が含まれていないか、あるいは含まれていても時制を持たないもの。

例

名 詞 句 I like <u>to read novels</u>.　　≫ 例文の名詞句はOの役割をしている
「小説を読むのが好きです」

<u>His becoming a leader</u> was natural.
　≫ 例文の名詞句はSの働きをしている
「彼がリーダーになることは自然だった」

形容詞句 The man <u>playing the piano</u> is Tom.　≫ The man を修飾
「ピアノを弾いている男の人はトムです」

副 詞 句 She went <u>to Germany</u>.
　≫ 「行った」という動詞を修飾している
「彼女はドイツに行きました」

「節」とは？ (例:名詞節、形容詞節、副詞節)

2語以上で構成され、主語＋動詞 (SV) の構造と時制を持っているもの。

例

名 詞 節 <u>Whether he (S) will come (V) to the party</u> doesn't matter.
「彼がパーティーに来るかどうかはどうでもよい」

副 詞 節 <u>When I was a child</u>, I lived in Canada.
　≫ 副詞節が主節「I lived〜」を修飾している
「子供だった時、私はカナダに住んでいた」

略語の表記

S＝主語／ V＝動詞／
O＝目的語 (IO＝間接目的語／ DO＝直接目的語)／ C＝補語

難易度 ★★／（正解率42%）

On top of all the lethal hazards we've examined, industrial workplaces add countless others, because <u>whatever</u> a machine can do to its raw materials—sawing, crushing, baking, rendering, stamping, threshing, or butchering them—it can also do to the workers tending it.

Steven Pinker (2018): *Enlightenment Now*

下線部から始まるwhatever節は次のうちどれ？

1 名詞節

2 副詞節

3 いずれでもない

単語・語句

☐ on top of … 「…に加えて」

☐ saw 「のこぎりで切る」

☐ render 「溶かして精製する」

☐ stamp 「打ち抜く」

☐ thresh 「脱穀する」

☐ butcher 「屠殺する」

☐ tend 「面倒を見る、扱う」

ヒント

1 because節内の主節がどこから始まっているかをしっかりと見極めよう。

2 その主節の文型は何？

主節が、it can …というSVの形から始まるため、副詞節だと考えてしまった人もいるのではないでしょうか？Twitterでの出題時も5割の人は「副詞節」を選びました。

アメリカの心理学者で数多くの一般向けポピュラーサイエンスの作品でも知られるスティーブン・ピンカーの2018年の著作『21世紀の啓蒙』からの抜粋です。ピンカーはここで、社会が製造からサービス産業中心へと移行した際に、工場を懐かしむ人がいたが、そういった職場は実際には危険が多いということを指摘しています。

文全体の主節はOn top of…の意味さえ理解できれば、industrial workplaces (S) add (V) countless others (O) という形を把握するのは難しくないはず。othersがother lethal hazards「他の死につながる危険」であることもしっかりと押さえましょう。because節の内部に目を向けると、whateverから始まっているので、このwhateverが作る節が終わった後に、because節内の全貌が見えてくるはずだ、と考えて読み進めます。途中、機械が人間に対してやってしまいかねないことの具体例がいくつも挙げられ、かなり長くなっていますが、ダッシュ（─）で囲まれているので、一度この部分を括弧にくくってしまえば、because節内の主節のSVはit can also do…であるということが苦労せずに見えるのではないでしょうか。

さて、問題はここからです。whatever節は名詞節、副詞節のいずれにもなることができ、一見その区別がつきにくいので、

whatever節が文頭にある場合、主に後ろに続く形を見て判断することになります。基本的なルールとしては、名詞節の場合はその節を主語として後ろに動詞が続くパターンが、副詞節の場合はSVの形が続くパターンが一般的です。

例　**名詞節**　[Whatever he says] is of no interest to me.
　　　「彼が言うどんなことも私には興味がない」

　　副詞節　[Whatever he says], I will give it a try.
　　　「彼が何を言おうと、私は挑戦する」

　ただし、その場合も最後までしっかりと読んでみなければ油断はできません。実際、今回の文では、whatever節を副詞節と考えると、it can also doのdoの目的語が存在しないことになり、機械が労働者に何をする可能性があるのかがわからなくなってしまいます。この問題を解決するためには、このbecause節のどこかにdoの目的語がなくてはならないので、結論として、whatever節がそれに当たると考えることになります。つまり、このwhatever節は目的語が前置されたものであり、それゆえに名詞節と見なすのが正しいということです。

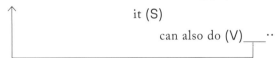

[whatever a machine can do to its raw materials] (O)

　　　　　　　　　　　　　　　　it (S)

　　　　　　　　　　　　　　　　can also do (V)＿＿…

正　解　　1 名詞節

ここまで見てきたあらゆる命に係わる危険に加えて、工場にはさらに数え
きれないほどの危険がある。なぜなら、機械が原材料に対してできるこ
とは、鋸挽きであれ、粉砕であれ、熱を加えるのであれ、溶かして精製
するのであれ、刻印であれ、脱穀であれ、屠殺であれ、ともかく全て、
それを扱う労働者に対してもやってしまう可能性があるからだ。

難易度 ★／（書き下ろし問題）

And I want Britain to be a place (1) <u>where</u> advantage is based on merit not privilege; (2) <u>where</u> it's your talent and hard work that matter, not (3) <u>where</u> you were born, who your parents are or what your accent sounds like.

Theresa May (2016): "Britain, the great meritocracy"

下線部 (1) 〜 (3) のwhere のうち、文法的に他と異なる役割なのはどれ？

1 (1)

2 (2)

3 (3)

4 全て同じ

単 語 ・ 語 句

☐ advantage 「利益、優位な立場」

☐ merit 「能力、実力」

ヒント

1 類似した構造の反復に注意しよう。

2 matterのここでの意味と品詞は何？

whereが等間隔で繰り返されているからといって無批判
に全て同じと見なしてはいけません。

　2016年に当時イギリスの首相だったテリーザ・メイ氏が行っ
たスピーチから。いわゆるメリトクラシー（能力主義）を標榜する
内容となっており、話題になったマイケル・サンデル教授の著書
『実力も運のうち　能力主義は正義か?』でも紹介されている
一節です。

　最初のセミコロン(;)までは大きな問題はないですね。want
Britain to be…は「イギリスに…になってほしい」という意味。
その「…」に当たる部分が、a place where…です。この下線
部(1)のwhere…はa place「場所」がどんな場所かを説明する
典型的な関係副詞節です。where節の内部で注意しておきた
いのは、merit not privilegeの部分。not A but B「AではなくB」
の類似表現の中には今回のB not A「BであってAではない」
のように肯定の部分を先に表現し、否定の部分を後から補足
するパターンもあります。つまり、a place…privilegeの部分は
「優位に立てるかどうかが実力に基づいて決まって、特権に
基づいて決まるのではない場所」という意味を表していること
になります。続いて、セミコロン(;)の後の下線部(2)のwhere
ですが、これはセミコロン(;)がorなどに代わる並列や言い換
えの意味でよく用いられることから判断し、下線部(1)のwhere
の機能を引き継いで、a placeの説明をしていると判断してよい
でしょう。同時に前のwhere…privilegeを言い換えている、あ
るいは補足しているのであれば、当然、下線部(1)のwhere

節と下線部(2)のwhere節の内容は類似した、あるいは少なくとも矛盾しないものになるはずだと判断できることになります。

　この前提に基づいて内部を読んでいきましょう。it's your talent and hard work that matterの部分はit's…that 〜 の分裂文（強調構文）（183ページ参照）で、matterが「重要である」を意味する自動詞の用法になっているので、「重要なのは才能や勤勉さだ」というのがこの部分の意味となります。ここで、先ほどの前提に照らして解釈すると、このtalent「才能」やhard work「勤勉さ」は1つ目のwhere節のmerit「能力」の言い換えになっていること、そして背後にはprivilege「特権」との対比があることが見えてきます。そこまで読めていれば、その後のnot where…について、誤読することはもちろん、悩むことすらありえませんね。このwhere you were bornは「どこで生まれたか」を意味し、privilegeを具体的に言い換えたものであることがスムーズに理解できるはずです。続くwho your parents are「親が誰か」やwhat your accent sounds like「どういうアクセントか」も自身の努力や実力ではどうしようもないものとして、まさにprivilegeの具体例となっていることがわかると思います。

　以上の説明から、下線部(3)からbornまでのwhere節は「どこで…するか」を表す名詞節として下線部(2)から始まる関係副詞節の一部を形成しており、下線部(1) 〜 (2)とは異なるものであることがわかります。下線部(1)と(2)のそれぞれのwhere節の意味的な類似関係、そして、以下のような単語の言い換えの構造を理解して読むことができた人にとっては易しい問題だったのではないかと思います。

where

advantage is based on [merit] not privilege;

where

it's [your talent and hard work] **that matter,** not where you were…sounds like.

正 解 3 (3)

訳 例

私はイギリスを特権ではなく実力に基づいて優位な立場に立つことができる場所に、つまり、どこで生まれたか、親が誰か、どういうアクセントで話すかではなく、才能や勤勉さがものを言う場所にしたいと思っています。

難易度 ★★／（書き下ろし問題）

One of the most important developments in England during the past twenty years has been the upward and downward extension of the middle class. It has happened on such a scale as to (　　　) the old classification of society into capitalists, proletarians and petit bourgeois (small property-owners) almost obsolete.

George Orwell (1941): "England Your England"

空欄に入る動詞として最も適切なものはどれ？

1　change

2　invalidate

3　make

4　establish

単語・語句

☐ development 「展開、進展」

☐ proletarian 「労働者階級の人」

☐ petit bourgeois 「プチブル、小金持ち」（仏語）

ヒント

1 文脈から考えて空欄にはどういう意味の動詞が入るはず？

2 空欄以降の文法構造はどうなっている？

意味と構造の両面から考えないと混乱するかもしれません。

───────────────────────────────

　『一九八四年』などのディストピア小説で知られる20世紀イギリスの作家ジョージ・オーウェルの有名なエッセイからの抜粋です。本作品はかつて大学の入試問題の課題文としても頻繁に採用されました。

　第1文は基本的なSVCの構造。ただし、主語と補語の両方ともがかなり重々しく、やや息の長い文になっています。

One of the…years (S)

　　　　　has been (V)

　　　　　　　the upward and downward extension … (C)

　要するに過去20年のイギリスにおける最も大きな変化は中流階級が上へ下へと拡大したことだと述べているわけですが、この文脈を押さえておくことが空欄部分の動詞を考える上で大きなヒントになります。第2文は、冒頭のItが第1文の補語であるthe upward and downward extension…を受けて、さらにその説明を続けている形。It has happened on such a scale「その拡大はそれほどの規模で起こった」とあるので、「それほど」とは「どれほどか?」と考えて後ろに目を向けると、期待通りsuchの程度を具体的に説明するas to不定詞という形が出てきます。今回の問題はこの不定詞に当たる部分にどの動詞を入れるかが問われているわけです。ここまでの文脈からas to以

下の内容は「中流階級の拡大」という変化の規模の大きさを示す具体的な例になっていなければならないということが読み取れますね。

　この前提を念頭に置いて、空欄の動詞の目的語となるであろうthe old classification of society into…という名詞句に目を向けます。classify A into B「AをBに分類する」が名詞化して、classification of A into B「AをBに分類すること」となった形ですが、oldという形容詞があることから、この「分類」は旧来のものについて言及していることになります。とすると、近年の変化の規模を示す内容がas to以下に続くはずであるという先ほどの前提で考えるならば、空欄にはこれをどちらかというと否定するような意味の動詞が入らなければならないはずです。この時点で、establishは「実証する、確立させる」というむしろ肯定的な内容なので絶対に違うということがわかり、同時に、invalidate「無効にする」がうまく当てはまるのではないかと思えます。

　しかし、ここで安心せずにきちんと文の最後まで読み切ることが大切です。文末に目を向けると、そこまでに並列されている階級を表す名詞に直接はつながらない形でalmost obsolete「ほとんど時代遅れの」という形容詞句が出てくることがわかります。名詞句の後に形容詞句が出てくるのは第5文型の典型パターンなので、ここがthe old classification of society into… (O) almost obsolete (C)という関係になっているのではないかと考えることができたかがポイント。この考えに基づき、選択肢の中で第5文型を取れる唯一の動詞であるmakeを空欄に入れてみると、make (V) the old classification… (O) almost obsolete (C)「旧来からある分類の仕方をほとんど時代

遅れのものとする」となって、先で見た文脈ともピッタリと一致するため、make が正解であると結論づけることができます。

正解　3 make

訳例

イギリスにおける過去20年間の最も重要な展開の1つは中流階級が上下の両方向に拡大したことである。この拡大は非常に大規模なものであったので、社会を資本家、労働者、プチブル（小さい資産の持ち主）に分ける旧来の分類はほとんど時代遅れのものとなってしまっている。

難易度 ★★／（書き下ろし問題）

Sometimes the long hours on insufficient food were hard to bear, but Boxer never faltered. <u>In nothing that he said or did was there any sign that his strength was not what it had been.</u>

George Orwell (1945): *Animal Farm*

下線部の第2文の意味に最も近いのはどれ？

1 彼の言動はかつてよりも力強くなっていた。

2 彼の言動はかつて同様に力強かった。

3 彼の言動はかつてほど力強くなくなっていた。

4 彼の言動はかつて同様に弱々しかった。

単語・語句

- [ ] the long hours 「長時間労働」
- [ ] bear 「耐える」
- [ ] falter 「ひるむ、ふらつく」

ヒント

1 第1文の内容が大きな手掛かりになる。

2 主語と動詞をしっかりと見極めよう。

否定語句による倒置に加え、nothing、notと否定語が複数出てくるので混乱してしまう人もいるかも。

『一九八四年』と並ぶジョージ・オーウェルの代表作『動物農場』から。動物たちが卑劣な人間の農場主に反旗を翻し、人間を追い出して共和国を築こうとするも、指導者の豚が徐々に独裁者へと変化していってしまうという作品です。ここでは動物たちの中でも最も力が強く働きものである馬のボクサーの様子が描かれています。

第1文は全く難しくありません。前半は文の主語がhardの後に続くto不定詞句のbearの意味上の目的語になっている、いわゆるtough構文の形です。

例 His idea is hard to understand.
　　≒ It is hard to understand his idea.
　　「彼の考えは理解するのが難しい」

「食糧不足の中での長時間労働は耐えるのが困難だった」と言いつつ、but以下の「ボクサーは全くひるまなかった」という内容につながっていきます。この文脈を前提に第2文に進みましょう。まずは構造の確認です。In nothing…と否定語を含む前置詞句が文頭にあることから、SVのところで疑問文と同様の倒置が起こるはず、と考えながら読んでいけば、後半でwas thereという形が出てきても落ち着いて対応できますね。

In nothing (that he said or did) ← 否定語を含む前置詞句

was / there / any sign ← 疑問文と同じ語順

[that his strength was not what it had been.]

　sign「兆候、兆し」の後に続くthat節は「兆候」の内容を説明する同格節です。この同格節の内容に少し注意が必要です。his strength (S) was not (V) what it had been (C)という節内の構造は問題ないとして、what it (=his strength) had beenという部分は、had beenとなっていることからもわかるように、この描写がなされている時点よりも以前の「彼の力強さ」を表現しています。よって、この文を文字通りに解釈すると「彼が言ったりしたりすることのどんなことにおいても、彼の力強さが以前のものではないという兆候はなかった」（日本語にはnothingにピッタリと一致する訳語はないため、こういう文ではthere was no sign in anythingに相当するような訳を当てるのが一般的です）という意味になり、「彼の言動を見る限り、その力強さは以前と全く同じだった」という趣旨であることがわかります。

　多くの人はこの時点で 2 が正解だと結論づけるでしょうし、それで問題ありません。

　しかし、厳密に考えるタイプの人は、「この文だけでは彼の力強さが以前と同じと言っているだけで、その力強さがどれくらいのものか（力強いのか、あるいはそれほどでもないのか、それとも弱っちいのか）が明らかではない。 4 の解釈もないとは言えないのではないか」と不安に感じるかもしれません。ここで文脈が効いてきます。先で見たように第1文に「きつい仕事にもかかわらずボクサーはひるまなかった」と彼の力強さを強調する

内容があるため、ここで用いられている his strength という言葉は単に「力強さの度合い」以上のもの、つまり、「彼が力強いこと」を含意していると考えることができます。したがって、やはり 2 が一番妥当だという結論に至ります。

正 解　　2 彼の言動はかつて同様に力強かった。

訳 例

食糧不足の中での長時間労働は時に耐えるのがつらいこともあったが、ボクサーは全くひるまなかった。彼の言動のどこをとっても、以前に比べて衰えを感じさせるような兆候はなかった。

　この問題にも挑戦　第 17 問 (P.75)

難易度 ★★／（正解率51%）

(　　　　) Christianity has done in Europe toward rousing compassion in the midst of belligerent horrors, love of music and letters has done in Japan.

Inazo Nitobe (1899): *Bushido, The Soul of Japan*

空欄に入る語として最も適切なものはどれ？

1 While

2 What

3 Where

4 いずれでもない

単語・語句

- [ ] rouse 「目覚めさせる、かきたてる」
- [ ] belligerent 「交戦中の、好戦的な」
- [ ] letters 「文学、書物」

ヒント

1 文の中で対比されているものに目を向けよう。

2 文法上、必要となるものがそろっているかを検討しよう。

コンマ(,)を挟んで2つのS＋Vがあることから副詞節を
想定し、対比の意味を持つWhileを選んでしまう人がい
るかも。

　英語の達人として知られる新渡戸稲造の代表作『武士道』
から。本書は日本文化を主に西洋社会に向けて解説したもの
であり、多くの箇所で日本と西洋の比較が行われています。
　前半にin Europeが、後半にin Japanがあることから、ここ
でもヨーロッパと日本が対照されていることがわかります。ただ
し、「…である一方」という意味を表す対比の接続詞Whileに
飛びついてはいけません。まずは、しっかりと文の形を確認し
ましょう。そうすると、前半でhas doneの目的語が後ろにない
ことに気づきます。toward rousing compassionもin the midst
of belligerent horrorsも前置詞句なので目的語になることはで
きません。whileやwhenなどが作る通常の副詞節の場合、主
語とbe動詞などが省略されることは下の例のようによくあります
が、目的語が省略されることは原則としてはないため、ここで
副詞節の解釈をいったん保留する必要があります。

例 I want to make money while I̶ ̶a̶m̶ young.
　「若いうちにお金を稼ぎたい」

　従属節において、主語や目的語、補語などが本来の位置
にない場合、それは関係代名詞や疑問代名詞として節の頭に
出ているパターンと判断できます。

28

例 **関係代名詞** I am interested in what he bought _____ .
「彼が買ったものに興味がある」

疑問代名詞 Please tell me who he is _____ .
「彼が誰か教えて」

　今回の例でも関係代名詞のWhatを空欄に入れることで、「キリスト教がヨーロッパで…にしたこと」という名詞節を完成させることができます。ただし、名詞節だとするなら、コンマ以降の後半が、前半部分が大きな名詞のカタマリであっても説明がつくような構造になっていなければなりません。

　こういう視点で後半に目を向けてみましょう。後半でもやはり、has doneの目的語があるはずの位置に名詞句がないことがわかります。

love of music and letters has done _____ in Japan.

　ここから、前半の大きな名詞のカタマリは、後半のhas doneの目的語が前に移動したものである、と考えると全ての構造の問題点を解決することができますね。

[What Christianity has done in Europe…horrors], (O)
　　　　　　　　　　　love of music and letters (S)
　　　　　　　　　　　　　　has done (V)
　　　　　　　　　　　　　　　_____in Japan.

なお、今回の例に限らず、2つの比較対象の共通要素や類似点を表現するために、SV what SVという形を使うことはよくあります。A is to B what C is to D「AのBに対する関係はCのDに対する関係と同じだ」という学習英文法の有名な構文も実はこのタイプの英文の一例であり、やはり、文脈に応じて文の補語であるwhat節が前に出ることがあります（ただし、その場合、下のようにコンマ(,)が打たれることが一般的です）。

例 Reading is to the mind what exercise is to the body.
What exercise is to the body, reading is to the mind.
「読書と精神の関係は、運動と肉体の関係と同じだ」

正 解 　2 What

訳 例

　西洋において戦闘の恐怖の真っただ中で思いやりの心を呼び起こすのにキリスト教が果たしてきた役割を、日本では音楽や書物に対する愛が果たしてきた。

この問題にも挑戦 第 49 問 (P.203)

難易度 ★★★／（正解率35%）

Even so, in 1990, according to previously secret depositions, Mr. Trump tried to have his father's will rewritten <u>in a way that</u> Fred Trump, alarmed and angered, feared could result in his empire's being used to bail out his son's failing businesses.

The New York Times, 2018/10/2

in a way that の that は何？

1 主格の関係代名詞

2 目的格の関係代名詞

3 関係副詞

4 いずれでもない

単語・語句

☐ deposition 「供述録取、証書」

☐ will 「遺書」

☐ bail out 「(経済的苦境から) 救済する」

ヒント

1 that の後ろにある、動詞っぽいものの機能を1つ1つ考えよう。

2 feared could result のつながりにどう説明をつける？

a wayの後だから関係副詞だろうと決めつけてしまっては
いませんか。

アメリカ合衆国大統領（当時）のトランプ氏について、実際
は父親の相当の資本援助があったということを指摘している記
事の抜粋です。元々、父であるフレッド・トランプ氏の恩恵を4
人の子供が平等に受けていたが、ドナルド・トランプ氏がどん
どん事業を破綻させていく中で、彼への融資額が次第に増加
していった、という記述に続く内容です。

問題のin a way that…の箇所に入る前に、文の主節を確認
しておきましょう。Mr. Trump (S) tried to have (V) his father's
will (O) rewritten (C)という「have ＋ O ＋動詞の過去分詞形」
の構造であり、「トランプ氏が彼の父の遺書を書き換えさせよう
とした」という意味となって、どのように書き換えさせようとした
のかを説明しているin a way that…の部分につながっていきま
す。

thatの直後にFred Trumpという節の主語らしきものが出て
きますが、その後に続く、alarmed and angered, feared could
resultという部分を正しく解釈できるかがポイントです。まずは、
alarmed and angeredの部分から見ていきましょう。この部分は
コンマ (,) で挟まれているので最初からFred Trumpを主語とす
る述語動詞ではなく、何らかの挿入句ではないかと推測できる
と思います。仮にFred Trump (S) alarmed and angered (V)「フ
レッド・トランプが警戒させ、怒らせた」と述語動詞として読み
そうになったとしても、「誰を」に当たる目的語の名詞句がない

ことから、その読みは無理だと判断しなければなりません。ここのalarmedとangeredはともに過去分詞形で、「警戒し、怒りを感じて」というFred Trumpの心理状態を説明しています。being alarmed and angeredという分詞構文からbeingが省略されたものと考えることも可能です。

　ここを挿入句と見なして括弧でくくると、Fred Trump (S) … feared (V) という節内の核となる構造が見えます。次のfeared could resultのつながりの部分が最大のヤマとなります。fearedでthat節が終わっていると解釈すると、could resultがその前にある何らかの名詞句に対する述語になっているということになりますが、この文にはそのように解釈できる名詞句は存在しません。よってfeared could resultの部分もthat節の内部の構造として考えなければなりません。ここでいわゆる「連鎖関係代名詞節」の構造に気づけるかがポイントです。

　連鎖関係代名詞とは以下のように、関係代名詞が節の述語の動詞の目的語であるthat節の一部となっているようなもののことです。

例　something which we think [(that)＿＿＿ is right]
　　「私たちが正しいと考えること」

　今回もこれと同じパターンで、Fred Trump feared (that)… could result in ～「フレッド・トランプは…は～につながりかねないと恐れた」という文の「…」の部分が関係代名詞となって前に出た形だと考えることができます。

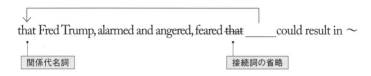

that Fred Trump, alarmed and angered, feared ~~that~~ _____ could result in 〜

| 関係代名詞 | 接続詞の省略 |

　この節全体の意味は、「フレッド・トランプが、警戒し、怒りを覚えつつ、〜につながりかねないのではと恐れたような」となります。この場合、関係代名詞はFred Trump以下の節のさらにその中の節（fearedの目的語のthat節）の一部です。その節の中では主語として機能しているので、in a way that…のthat節は主格の関係代名詞節ということになります。

正 解　　1 主格の関係代名詞

訳 例

　それでも1990年、これまで極秘にされていた証言によると、トランプ氏は父親の遺言を書き換えさせようとした。その書き換えの内容は、フレッド・トランプ氏が警戒と怒りを覚え、息子の失敗したビジネスを救済するために自分の帝国が利用されることになるのではと恐れたようなものだった。

難易度 ★★／（書き下ろし問題）

For vaccination to work as well as it can (   ) a widespread willingness to take it. That cannot be taken for granted in a world where anti-vaccine disinformation is rife.

The Economist Twitter, 2020/11/13

空欄に入るのは？

1 require

2 requires

3 requiring

4 requirement

単 語 ・ 語 句

- [ ] anti-vaccine 「反ワクチンの」
- [ ] disinformation 「（意図的に発信される）偽情報、デマ」

ヒント

1 全体の構造の整合性を考えよう。

2 as well as はどのような働きをしている？

---

canの直後に空欄があるため、文全体の構造を考えずに
原形の 1 を選んでしまった人はいないでしょうか。

　反ワクチンのデマや誤情報が拡散される中、ワクチン接種を
浸透させることは難しいという点について述べたツイートから。
　短い1文であり、空欄の前にも後ろにも述語動詞らしきも
のはないため、空欄に入る語が述語動詞になるのだろうと判
断できます。この時点で、be動詞などのサポートなしでは述
語動詞とはなれない 3 のrequiringと、名詞である 4 の
requirementは消えることになります。ここで、空欄の前にcan
があることから、後ろは原形のはずだ、と 1 に飛びついては
いけません。仮にこのcanがrequireとともにこの文の述語を
形成しているのだとすれば、この文の構造は以下のようなもの
になります。

For vaccination to work as well as it (S)

　　　　can require (V)

　　　　　　　a widespread willingness to take it. (O)

　For vaccination to workは意味上の主語を伴うto不定詞句
の名詞用法と判断すれば、「ワクチンが機能することは」と解
釈でき問題ありませんが、後ろのas well as itとは何でしょうか。
as well asにはA as well as B「BだけでなくAも」という熟語的
な用法がありますが、この場合、as well asは等位接続詞のよ

うに働き、AとBに来る要素は文法的に同じ範疇のものとなるのが原則です。しかし、今回の英文ではas well asの前にitと並列されうるような名詞の要素を探しても、それに当たるものがありません。ここから、canがこの文の述語の一部になっているという判断を考え直し、as well as it canまでが1つのカタマリになっているのではないか、と気づくことができたかがポイントです。そうすると、as … as S can「可能な限り…」という形が見えてきて、For vaccination to work as well as it canを「ワクチンが可能な限りうまく機能すること」→「ワクチンが最大限効果を発揮すること」を意味する名詞句として解釈できることがわかります。このto不定詞句を主語とする述語動詞を選べばよいので、正解は3単現のsを伴う 2 requiresとなります。なお、この文をSVOの文型通りに訳すと「SはOを必要とする」となりますが、このように、S require Oの文でSにもOにも「もの」ではなく「こと」を表す表現が使用されている場合、「SするにはOが必要だ」としたほうが日本語としては通りがよくなるため、訳例ではそうしています。

正解 2 requires

訳例

ワクチンが最大限に効果を発揮するためには、多くの人々が積極的にそれを接種しようとしている必要がある。反ワクチンのデマがはびこっている世界では、それは当然視できないことだ。

1 日常の英語では小難しい文法は使わない？

　一昔前、普通は使わないような小難しい文法や表現ばかり覚えさせられるというのが日本の英語教育を批判する際の決まり文句でした。過去の歴史を振り返ると、そういう時代が全くなかったとは言いませんが、ほとんどの場合、この種の批判は誇張です。実際、本書でもSNSの書き込みの引用などをクイズの出典としているものがありますが、そういったものが特別易しいわけではないことはご覧の通りです。

　ニュースやスピーチ、インタビュー、映画のセリフでもそこそこに複雑な英文は出てくるので、大学受験の際に学ぶレベルの文法や語法の知識なしに理解するのは容易ではありません。「本物」の英語は教科書や参考書の英語とは違ってもっとシンプル、といったような思い込みは持たない方が賢明です。

難易度 ★★★／（正解率31.8%）

Anxious, even a little alarmed, turning right about face, she moved forward (　　) what she supposed was the opposite direction.

Richard Marsh (1905): *A Duel*

空欄に入る前置詞は？

1　of

2　for

3　to

4　in

単語・語句

☐ turn right about face 「回れ右をする」

ヒント

1　重要なのは空欄の後ろ。

2　what節の構造をしっかりと理解しよう。

直前にforwardがあることから、look forward to…のような熟語との連想で、toを選んでしまった人もいるのでは。実際、Twitter上でも、toを選んだ人が一番多く見られました。

　The Beetle（『黄金虫』）などの伝奇小説で知られる19世紀末から20世紀初頭にかけて活躍したイギリスの作家、リチャード・マーシュの小説*A Duel*の冒頭近くからの抜粋です。騙されて金のない男と結婚してしまったイザベラが夜に大家の女性の金を盗んで人知れず逃げ出すシーンの描写で、迷いながら凸凹の道を行く中、あわやというところで穴に落ちずにすんだ直後の箇所。

　Anxiousという形容詞とeven a little alarmedという過去分詞句、さらにturning…という現在分詞句が続き、その後に、she (S) moved (V)という文の中核が出てきます。anxiousとalarmedはbeingを前に補い、she「彼女」の心理を説明する分詞構文として、turning…はmovedした際のshe「彼女」の状況を説明する分詞構文として考えるとよいでしょう。

　空欄の後ろに続くwhat節に目を向けるとwhat she supposed was the opposite directionが連鎖関係代名詞節（第6問解説）の形になっていることがわかりますが、さらに言うと、what she supposed wasの部分が実質的にはthe opposite directionの説明となっていることが見抜けるかどうかがポイントです。意味の中核はthe opposite direction「逆の方向」であり、what she supposed was「と彼女が思うもの」というのは挿入的にそ

れに意味を付け加えているということです。

　what you call…のようなwhat節は、「…」の部分を中心と見なし、「いわゆる…」と解釈することがよく知られていますが、このようにwhat…という形が名詞の前に挿入されて、意味を付け加えるパターンというのは定型表現以外にもよくあるものです。

例　He is <u>what you call</u> a gentleman.
　「彼はいわゆる紳士だ」
　She came up with <u>what appeared to be</u> a good proposal.
　「彼女は名案らしきものを思いついた」

　挿入という言葉が示唆する通り、このタイプのwhat節では、中核となる名詞以外の部分を取り除いても、文法的に成り立つ形になるのが原則です。

例

　He is <u>what you call</u> a gentleman.
　He is ＿＿＿＿＿＿ a gentleman.

　She came up with <u>what appeared to be</u> a good proposal.
　She came up with ＿＿＿＿＿＿＿ a good proposal.

　これを今回の問題文に応用すると、what she supposed was the opposite directionは、what she supposed wasの部分を取り除いても文が自然に成立するものでなくてはならないため、空欄に入る前置詞はthe opposite directionに自然につながる

ものということになり、inを選ぶことができます。

in <u>what she supposed was</u> the opposite direction
in ＿＿＿＿＿＿＿＿＿＿ the opposite direction

　なお、そもそも、directionという名詞に前置詞inを用いるということの意識が希薄だったという場合は、それも今回を機に確認しておいたほうがよいでしょう。

| 正解 | 4 in |

訳 例

　彼女は不安になり、少し警戒すら覚えながら、回れ右をして、逆の方向だと思う方へ進んでいった。

難易度 ★★／（書き下ろし問題）

Soft-bodied cephalopods are divided into vampyropods and
<u>decabrachians</u>.

CNN, 2022/3/8

下線部の具体例としてふさわしいのは？

1 ウミヘビ

2 ヒトデ

3 タコ

4 イカ

ヒント

1 難しい単語をパーツに分けて考えよう。

2 cephalopodは、tripodやencephalopathyなどがヒントに、
decabrachianはdecadeやembraceがヒントになる。

ごく短い1文の中にいかにも難しい単語が並んでいて、
わからない単語だらけでパニックになってしまいませんでし
たか。

　タコの祖先について新たにわかったことを紹介している
CNNの記事からの抜粋です。短い文の中に難しい語が並ん
でいて面食らった人もいるかもしれません。わからない単語に
出会った時は、もちろん、辞書で調べるのが一番よいのです
が、実は単語の成り立ちから意味をある程度推測できる難語
もそれなりに存在します。実際、今回の英文は科学的な定義
を述べているものであり、そういう場面で使用される学術用語
はパーツに分けて考えることで意味が理解できるものも少なく
ありません。

　まずは、主語になっている soft-bodied cephalopods の
cephalopod ですが、cephalo- と -pod というパーツに分けて考
えます。このうち、-pod は比較的易しいですね。tripod「三
脚」などの知識があれば、すんなり「足」のことだとわかるでしょ
うし、それを知らなくても海岸や河川などにある四脚の tetrapod
「テトラポッド」はほとんどの人が聞いたことがあるのではない
でしょうか。なお、この -pod はギリシャ語由来で pedal とも同
語源です。

　次に、cephalo- ですが、これは少し難しいかもしれません。
encephalopathy「脳症」や hydrocephalus「水頭症」などの病
気名を知っていれば、「頭」とか「脳」のことかな、と推測で
きるかもしれませんが、そもそもこれらの単語自体が専門的

です。cephalo-はやはりギリシャ語由来の「頭」を表すパーツで、encephalo-となると「脳」という意味になります。ちなみに、2000年代に一時流行し話題になったBSE（狂牛病とも呼ばれる）は、bovine spongiform encephalopathy「牛海綿状脳症」の頭文字を取ったものです。まとめると、cephalo＋podというのは「頭足」というのが文字通りの意味ということになりますが、実際、これは「頭足類」という生物学上の分類を表す言葉になっています。

　そうすると、この英文は軟体の頭足類（タコやイカ、オウムガイなどの海の軟体動物）の下位分類を説明しているものということになります。この時点で、decabrachianのdeca-がdecade「10年」やdecathlon「十種競技」のdeca-と同じく「10」を表すということに気づいていれば、decabrachianは「イカ」などの生物のことを指しているのではないかと予想することができます。brachianの部分は、embrace「擁する、抱きかかえる」のbraceと同じく、ギリシャ語のbrakhion「腕」に由来し、decabrachianは文字通りには「10本腕」を意味します。ここまでわかってしまえば、この語にイカが含まれるということをかなり自信を持って言えるのではないかと思います。

　なお、もう1つの下位分類である、vampyropodというのもかなり難しいですが、先にdecabrachianの方がわかってしまえば、ではこちらはタコなどを含む分類かな、と推測することもできますね。実際その通りで、ここではvampyropodはタコとコウモリダコを含む8本足の分類を表現しています。文字通りoctobrachianと言う場合もあるようで、decabrachianと並列するのであれば、こちらのほうがわかりやすいかもしれませんね。なお、「八腕形上目」にはoctopodiformes、「十腕形上目」に

はdecapodiformesという正式名称もあるようです。

正 解 ┃ 4 イカ

訳 例
軟体の頭足類は八腕形上目と十腕形上目に分類されます。

難易度 ★★／（正解率54%）

By happiness is intended pleasure, and the absence of pain; by
unhappiness, <u>pain, and the privation of pleasure</u>.

John Stuart Mill (1863): *Utilitarianism*

pain, and the privation of pleasure の役割は？

1 主語

2 動詞の目的語

3 前置詞の目的語

4 いずれでもない

単 語 ・ 語 句

☐ privation 「奪われること、喪失、欠如」

ヒント

1 まずは前半の構造をしっかりと確認しよう。

2 前半と後半の関係を見極めよう。

unhappiness, pain, and the privation of pleasure と
3つの名詞句がA, B, and Cという形で並んでいるので、
3つともbyの目的語だと考えた人はいないでしょうか。実
際、Twitter上でも3割弱の人が 3 の選択肢を選んで
いました。

19世紀のイギリスの哲学者、ジョン・スチュアート・ミルの代
表作の1つ『功利主義論』からの抜粋で、功利主義の考える
ところの「幸福」の定義を説明しているところです。

　まずは、前半の構造をしっかりと確認していきましょう。By
happinessという前置詞句から始まるので定石通りなら、文の
主語が登場するはずですが、この文ではis intendedという動
詞句が続いて、その後に、pleasure, and the absence of pain
という名詞句が出てきます。ここから、S is intended by…の
by…の部分とSの部分が入れ替わり、By…is intended Sとい
う形になった倒置構文だと気づくことができたかがポイントで
す。受動態の文ではこの種の倒置が起きやすい述語のパター
ンがいくつかあるので、リストアップしておきます。

例

S is added to…「…にSが加えられる」
　→To…is added S
S is included among…「…にはSが含まれる」
　→Among…is included S

S is set against…「…にはSが対置される」
　　→ Against…is set S

　さて、そうすると、この文はpleasure, and the absence of pain が主語で「幸福（という言葉）によって意味されているのは快楽と苦痛がないことである」という内容であると解釈できます。これを前提にセミコロン(;)以下の後半に目を向けましょう。最初のby unhappinessという前置詞句で、前半との並行性を意識したいところです。前半は、By happiness から始まり、「幸福」の意味を定義する内容だったわけですから、続く後半部分がby unhappiness から始まるのであれば、今度は同様の形で「不幸」の意味が定義されるのではないか、と予測することはそれほど難しくないと思います。

　しかし、この後半部分では、unhappiness の後、述語らしき動詞は出てこず、pain, and the privation of pleasure という名詞句のみが続きます。ここで、happiness とunhappiness、pleasure とpain という意味的対照の関係から、後半のby unhappiness の後ろにis intended という述語動詞が省略されていることを読み取れたかどうかが最大のポイントです。この英文の構造を図示すると以下のようになります。

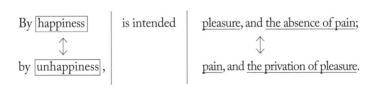

　この図を見ると、前半と後半で文の要素が見事な対比を形成している中で、後半の述語動詞の部分だけがスッポリと抜け

落ちていることが理解できるでしょう。同じ述語動詞を用いた同様の文構造が並列される場合、後半では共通要素である動詞部分が省略されることが英語ではよくありますが、この文でも後半ではそのタイプの省略が起こっているということです。したがって、後半部分は、by unhappiness (is intended) pain, and the privation of pleasure と述語動詞を補って解釈するのが正しいということになり、pain, and the privation of pleasure は後半の節の主語だということになります。

正解　1 主語

訳例

　幸福という言葉で意味しているのは、快楽と苦痛の欠如である。一方、不幸という言葉で意味しているのは、苦痛と快楽の剝奪だ。

難易度 ★★★ ／（正解率39%）

Nay, but me no buts, offer me no objections.

Mark Twain (1889): *A Connecticut Yankee in King Arthur's Court*

この文の中に動詞はいくつある？

1 1つ

2 2つ

3 3つ

4 動詞はない

単語・語句

☐ nay 「いや、否」

ヒント

1 前提知識で決めつけないことも重要。

2 文型をヒントに考えよう。

動詞のイメージがない語が多く、わかりやすいofferだけ
を動詞と見なしてしまいませんでしたか。Twitter上でも
約5割の人が「1つ」という選択肢を選びました。

　『トム・ソーヤーの冒険』や『ハックルベリー・フィンの冒険』など
どの小説で知られ、アメリカ文学の父とも称されるマーク・トウェ
イン。彼の喜劇小説『アーサー王宮廷のヤンキー』より抜粋し
た英文です。本作品は、アーサー王の時代にタイムスリップし
てしまった19世紀のアメリカ人技師ハンク・モーガンの物語で
すが、今回抜粋したところはアーサー王とともに民衆の社会へ
と繰り出そうとするモーガンが王の身分がばれないよう、民衆
らしく振る舞うための特訓をしているシーンです。

　実はBut me no buts.というのは一種のイディオムなので、そ
れを知っていればすぐに答えられますが、ここではそうではな
い場合の考え方を解説します。まず、普通はbutを「しかし」
を意味する等位接続詞（文法的に同レベルのものを並列の形で結び
つける接続詞）と考え、その後ろに目を向けるでしょう。しかし、
me no butsの部分には主語や述語動詞らしいものは見られま
せん。さらにその後ろの、offer me no objections「私に異論
を言うな」という部分はこれで命令文が完成しているので、構
造的に前半と関連付けるのも難しそうです。

　そこで、but me no butsの部分はこの中で説明を付けなけ
ればならないということになります。まずは、no butsの部分で
すが、これは、butsと複数形のような形になっていること、ま
た、noが付いていることから、butが名詞として使用されてい

ることが比較的容易にわかるのではないかと思います。ひとまず、「butという言葉」くらいの意味で捉えておきましょう。そうすると、この部分は、「but＋代名詞（人）＋名詞（物）」という構造になっていることがわかります。

　ここで、英語においてどういう場合に「名詞（人）＋名詞（物）」というパターンが出てきやすいかを考えてみましょう。その際に、問題文の後半のoffer me no objectionsが大きなヒントになります。

　そうです。英語において、「名詞（人）＋名詞（物）」というパターンがよく出てくるのは、giveやgrantなど「…に～を与える」を意味する授与動詞の後に、間接目的語と直接目的語が続く場合なのです。これをヒントに、but me no butsの部分を考えると、仮にbutに「与える」や「言う」などを意味し、2つの目的語を取ることのできる動詞としての用法があれば、全体が「私に「しかし」と言うな」という意味になって、全てうまく解決することになります。

　種明かしをすると、このbutは「人にbutと言う」という意味を持つ、ほぼこのbut me no butsというイディオムでのみ使われる特殊な動詞の用法になっています。したがって、この英文には、butとofferの2つの動詞が含まれているということになり、正解は 2 となります。

　もちろん、せっかく出てきたのでこれを機にbut me no butsという面白い言い回しがあるということは覚えておいてもよいと思いますが、本問題のポイントはこのイディオムの知識それ自体ではありません。重要なのは、文法や意味の整合性が取れない時に強引に解釈しようとせず、基本的な単語や表現につ

いても自分の知らない使い方の可能性がないか考えてみること、未知の表現に突き当たったら、語の並びや性質から推測してみることです。

正 解　2　2つ

訳 例

「ええい、しかしと言うな。わしに異論を唱えるな」

難易度 ★★ ／（書き下ろし問題）

As COVID-19 cases surge throughout the region, the San Diego Zoo and the Safari Park are hustling to immunize an array of animals, from tigers to Vervet monkeys to hyenas and other critters staff think could be vulnerable to the virus.

Los Angeles Times Twitter, 2021/8/4

この文の主節の述語動詞は？

1 are hustling のみ

2 could be のみ

3 両方

4 いずれでもない

単語・語句

☐ surge 「急激に増える」

☐ hustle to… 「せっせと…する、…するのに精を出す」

☐ immunize 「ワクチンを接種する」

☐ an array of… 「多くの…」

☐ hyena 「ハイエナ」

☐ critter 「動物」

ヒント

1 述語動詞が複数あるのはどのような場合？

2 後半の and 以下の構造をよく考えよう。

後半の構造を正確に読み取れるかどうかがポイント。

　新型コロナウイルスには動物も感染するということで、ペットや家畜、動物園などの動物に対してもワクチン接種が必要となりました。動物のワクチン接種について言及した『ロサンゼルス・タイムズ』のTwitterアカウントの2021年のつぶやきから。

　文頭、As COVID-19 cases surge…という形で文が始まるので、asの従属節と判断し、節の範囲を確認します。コンマ(,)の後に、the San Diego Zoo and the Safari Park (S) are hustling (V) と続くことから、as節はregionまでで、the San Diego Zooから主節が始まっていること、また、are hustlingがこの文の述語動詞であることは確定してよさそうです。もし、述語動詞が複数あるとすれば、この動詞句（are hustling）や、あるいはこの主節全体と並列的な関係にある動詞句や節が登場するということになります。

例　He stood up and went to the room.
　》　stoodとwentが述語動詞
　「彼は立ち上がって、部屋に行った」

　He shut the door and she turned on TV.
　》　shutとturnedが述語動詞
　「彼はドアを閉め、彼女はテレビをつけた」

　そこで、後半のandに目を向けることになりますが、other

critters staff think could be…のような構造は独立した英語の節の構造としては考えられないため、先の例のように複数の動詞句や節が並列されているという解釈は無理だということになります。ここは、staff以下を連鎖関係代名詞節の関係代名詞が省略されたものとして考えるのが正しい解釈です。

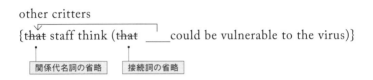

other critters
{that staff think (that ＿＿＿ could be vulnerable to the virus)}

関係代名詞の省略　　接続詞の省略

　名詞句全体の意味は「(動物園の) スタッフが新型コロナにかかる可能性があると考える他の動物」となります。したがって、an array of animalsから文末のthe virusまでは大きな名詞のカタマリということになり、正解は $\boxed{1}$ are hustlingのみ、であると判断できます。

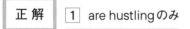

| 正 解 | $\boxed{1}$ are hustlingのみ |

訳 例

　新型コロナの感染者数が地域全体を通して急激に増える中で、サンディエゴ動物園とサファリパークは虎、ベルベットモンキー、ハイエナ、そしてスタッフがコロナにかかりやすいと考える他の生物など、数多くの動物のワクチン接種に精を出している。

この問題にも挑戦　第 **06** 問 (P.31)　第 **49** 問 (P.203)

2 　機能語から生まれた内容語?

　前置詞や接続詞、助動詞などのように文法関係を表現したり、他の語をサポートしたりする語のことを機能語 (function words)、名詞や動詞、形容詞などのように文の内容の中心となる語のことを内容語 (content words) と呼んで区別することがあります。

　この分類に従うと、「…にbutと言う」という意味の動詞のbut (第11問参照) は本来接続詞であるものを動詞として用いた例であり、機能語から生まれた内容語と見なすことができます。

　さらにbutには動詞以外にも「異議、反論」を意味する名詞の用法があり、同様に名詞として用いることのできるifと合わせて、ifs and buts「(やらないための) 言い訳」のような言い方をすることも可能です。日本語だと「たられば」などがこのタイプの語にカテゴライズされると言えそうです。

　機能語から生まれた内容語には他にどのようなものがあるか、英日語両方の例をいろいろと調べてみると面白いかもしれません。

難易度 ★★★ ／（正解率38.5%）

I (   ) I don't know how many hours learning Latin
irregular verbs, and then having to do the same thing all over
again with French.

David Crystal (2017): *Making Sense*

空欄に入るのは？

1 confess

2 spent

3 promise

4 made

単語・語句

□ irregular verb 「不規則変化動詞」

ヒント

1 やや特殊な構文が使われている。

2 how 以下の構造に注意しよう。

空欄の後に、I don't know…というSV…の形が続くことから、直接 that 節を後ろに取る動詞を選びがち。Twitter でも confess を選んだ人が5割以上いました。

　英語学の大家として知られるデイヴィッド・クリスタルの著作『英文法には「意味」がある』からの抜粋です。著者自身がラテン語やフランス語の文法を学んだ際の苦労を語っている箇所です。空欄の後にSVの形が続くので、that 節を目的語に取ることのできる思考伝達系の動詞を入れたくなるかもしれませんが、後ろの構造にもよく目を向けることが必要です。know の目的語と思われる how 以下の部分を見ていくと、how many hours learning…and then having…となっており、how…が主語と動詞を持つ普通の節となっていません。

　実はこの文では、I don't know how many hours が1つの名詞句のカタマリとして機能しています。many hours「多くの時間」の many「多く」に I don't know how「どれくらいかわからない」が説明として付け加えられているような形で、カタマリ全体の意味は「どれくらいか自分でもわからないほどの多くの時間を」となります。この形を知らなかった人には違和感のある構造かもしれませんが、syntactic amalgam「統語的融合体」や wh-amalgam「wh 融合体」などという名称で英語学の分野でも言及されているものです。いくつか例を挙げておきましょう。下線部分が挿入的に入り、後ろの言葉を説明していることがわかると思います。

例 He declined the offer for <u>I don't know what</u> reason.

「彼はどうしてかわからない理由でそのオファーを断った」

She slept for <u>I don't know how</u> long.

「彼女はどれくらいかわからないくらい長い間、眠っていた」

　amalgam「アマルガム、合成」と呼ばれるのは、疑問詞節の前にさらに別の節を付け加えて1つのカタマリを作るような形になっているからです。

　さて、この構造が見えてしまえば、正解に大きく近づきます。I don't know how は many hours の程度を説明するために加えられたものと考えることができるので、以下のように無視して考えても一応の文の構造は成り立つことになります。

I (　　　) ~~I don't know how~~ many hours learning Latin irregular verbs…

　こうなると、後ろに時間を表す名詞句と動詞の…ing形が続くわけですから、選択肢の中だと、spentを入れて、「spend＋時間＋…ing」とするのが最も自然だと判断できるのではないでしょうか。

正　解　　2 spent

ラテン語の不規則変化動詞を覚えて、それからまたフランス語で同じこと を最初からやり直すのに自分でもどれだけかわからないくらいの時間を費 やした。

難易度 ★★★／（正解率24%）

The same protest was made in Thomas Paine's *Rights of Man* which appeared two years later: "Toleration is not the *opposite* of Intolerance, but is the *counterfeit* of it. Both are despotisms. The one assumes itself the right of withholding liberty of conscience, and <u>the other</u> of granting it."

John B. Bury (1913): *A History of Freedom of Thought*

下線部 the other が指しているのは？

1 Toleration

2 Intolerance

3 despotism

4 いずれでもない

単語・語句

☐ counterfeit 「模造品、装ったもの」

☐ despotism 「専制、独裁」

☐ assume oneself… 「…をわがものとする」

ヒント

1 The one と the other の対比をヒントに引用部の第3文の文構造を把握しよう。

2 それぞれの単語と説明語句との整合性を考えよう。

引用部の第1文が Toleration → Intolerance という順番になっているので、The one=Toleration、the other=Intolerance と決めつけてしまいやすいです。

引用部分はアメリカの政治哲学者トマス・ペインの『人間の権利』の一節で、思想や言論の自由の歴史について述べたジョン・バグネル・ベリーの著作の中で言及されたものです。ここで、ベリーは革命期のフランスの宗教の自由について述べており、当時、そもそも toleration「寛容」という言葉自体が傲慢であるとして批判されたということを指摘しています。

引用部の第1文と第2文はシンプルな構造であり、大きな問題とならないでしょう。ただし、第1文の文末の it は Intolerance ではなく、the opposite of Intolerance を指しているということには注意が必要です。

Toleration と Intolerance という2つの概念が問題となっていることから、第3文を見た時点で、The one が Toleration、the other が Intolerance ではないかと早合点してしまいがちです。しかし、そこは冷静に考えましょう。まずは第3文の構造をしっかりと把握することが重要です。

後半の and the other が登場したところで、「The one が assumes…conscience するのであれば、もう一方の the other はどうするのか?」と動詞を探す姿勢で読むことがポイント。その発想があれば、of granting it という前置詞句のみが続いている形から動詞句の中心部分（以下の太字部分）が共通要素として後半では省略されたのではないか、と気づくことができるは

64

ずです。

The one (S) │ **assumes** (V) **(itself)** (O) **the right** (O) │
　　　　of withholding…conscience,
and
the other (S) │ ~~assumes (V) (itself) (O) the right (O)~~ │
　　　　of granting it.

　省略部分を補って考えると、この第3文は「一方は良心の
自由を人々に与えない権利を<u>当然視し</u>、もう一方はそれを与え
る権利を<u>当然視しているのだ</u>」という意味になることがわかり
ます。ここで、先ほどの Toleration「寛容」と Intolerance「不
寛容」との関係を考えてみるなら、「良心の自由を与えない権
利」が Intolerance「不寛容」に、「その自由を授ける権利」が
Toleration「寛容」に対応することは明らかでしょう。よって
the other は Toleration を受けているということがわかり、この
問題の正解は 1 となります。

┌─────┐
│ 正 解 │　1 Toleration
└─────┘

┌────┐
│ 訳 例 │
└────┘
　2年後に出たトマス・ペインの『人間の権利』でも同様の抗議がなされた。
「寛容というのは不寛容の対極ではない。そう見せかけているだけの偽
物だ。双方とも専制主義だ。一方（不寛容）は良心の自由を人々に与

えない権利を、もう一方（寛容）はそれを与える権利を当然視している
のだ」。

この問題にも挑戦 第 **20** 問 P.87

難易度 ★★★★／（正解率34%）

In the words of Yamagata, 'the Japanese, whether of the military class or not, originally sprang from the same blood, and, when subjected to regular discipline, could scarcely fail to <u>make</u> soldiers worthy of the renowned bravery of their ancestors.'

Richard Storry (1960): *A History of Modern Japan*

下線部の make の意味に最も近いのは？

1 take

2 become

3 render

4 get

単語・語句

- [ ] military class 「士族」
- [ ] discipline 「訓練」
- [ ] worthy of… 「…にふさわしい」
- [ ] bravery 「勇敢さ」

ヒント

1 徴兵を主体とした政府軍で士族中心の軍を打ち破った山縣有朋の言葉。

2 最も矛盾や違和感のない解釈を心がけよう。

make soldiers worthyの部分が、「make＋名詞句＋形容詞」という典型的なmake OC「OをCにする」のパターンと一致した形になっているため、同様の用法があるrenderを選んでしまった人もいるのでは。

オックスフォード大学の歴史家だったリチャード・ストーリーの著作『日本現代史』より抜粋。往年の大学入試英文でよく採用された出典としても知られています。冒頭にIn the words of Yamagataとあるように、西南戦争で徴兵した兵を率いて侍と戦った山縣有朋の言葉として引用されたものです。

まずは引用部分の核となる構造をしっかりと把握しましょう。the Japanese が主語名詞句となるのはよいとして、その後のwhether…notの部分はコンマ(,)で挟まれているのでここを括弧にくくって考えると、the Japanese (S) (, whether…not,) originally sprang (V)という形が見えてきます。その後、andの後に再びコンマ(,)で挟まれたwhen節が登場するため、ここも括弧に入れて考えると、originally sprang…and…could scarcely fail…という動詞句の並列が確認できるでしょう。

the Japanese (S)
　　　　(, whether…not,)
　　　　originally sprang (V1) from the same blood,
　　　　and
　　　　(, when…discipline,)
　　　　could scarcely fail (V2) to make

前半が「士族であろうとなかろうと、もともとは同じ血族であった」となるのはよいでしょう。続いて後半ですが、まず、could scarcely fail to…がnever fail to不定詞「必ず…する」の1つのバリエーションで「…しないことなどまずありえない、まず間違いなく…する」というニュアンスを持つことを押さえましょう。そうすると、この部分の意味は、「継続的に訓練を受ければ、まず間違いなくmake soldiers worthy…する」と解釈できます。ここでmake soldiers worthy…をmake OCの構造だと判断すると、「兵士を祖先の誉れ高き勇敢さにふさわしくする」となり、文意から見てやや違和感が生じることになります。

　ポイントはwhen節の内容です。この文全体の主語はあくまでthe Japaneseですから、when節の中の省略されている主語もthe Japaneseだと考えるのが原則です。そうすると、could scarcely fail to…の内容はwhen the Japanese are subjected to regular discipline「日本人が継続的に訓練を受けた場合に」何が起こるかを説明していると考えられます。したがって、「（日本人が）強くなる」とか「（日本人が）成長する」といった内容ならスムーズに理解できますが、「日本人が訓練を受けた結果、（訓練を受けた本人たちが変わるのではなく）兵士を勇敢にできる」というのはよくわからないのではないでしょうか。

　ここから、make OCの解釈をいったん保留し、別の読み方を模索できるかがポイントです。仮に、worthy…が目的格補語ではないとすると、soldiersを後置修飾する形容詞句という解釈がありえます。そうなると、soldiers以下の意味は「祖先の誉れ高き勇敢さの名に恥じない兵士」となります。ここで、makeに「…になる」という自動詞的な用法があったことを思い出せれば、全体を「日本人は継続的に訓練を受ければ、まず

間違いなく誉れ高い先祖の勇敢さに恥じない兵士になることができる」という意味で捉えることができ、文意にもピッタリ合いますね。よって、正解は 2 become ということになります。

正 解 　 2 become

訳 例

　山縣の言葉を借りれば、「日本人は士族であろうとなかろうと、元々は同じ血族なのであり、継続的に訓練を受ければ、まず間違いなく誉れ高い先祖の勇敢さに恥じない兵士になることができる」ということだ。

難易度 ★★★／（正解率39.4%）

Presently he laughed. "There's something in this starlight that loosens one's tongue. I'm an ass, and yet somehow I would like to tell you."

"Whatever you tell me, you may rely upon my keeping to myself — if that's it."

H.G. Wells (1896): *The Island of Dr. Moreau*

下線部は次のうちどれ？

1 名詞節

2 副詞節

3 いずれでもない

単語・語句

- [ ] starlight 「星明かり」
- [ ] loosen one's tongue 「舌を緩める、おしゃべりにさせる」
- [ ] ass 「愚か者、馬鹿者」
- [ ] if that's it 「そういうことなら、それが必要なら」

ヒント

1 文頭のwhatever節がどういうタイプかは節の後の構造から判断しよう。

2 後半のkeeping to myselfはここではどういう用法？

whatever 節の後に you may rely…と SV の形が続くことから副詞節だと決めつけた人はいませんか？

　SF の父と呼ばれるイギリスの作家、H.G. ウェルズの『モロー博士の島』からの抜粋で、主人公のプレンディックが救助された船の中で恩人のモンゴメリーと会話している場面です。第 2 文のモンゴメリーのセリフでは There is something about / in …that ～「…には～するような何かがある」という頻出のフレーズに注意。続く、I'm an ass, and yet somehow…は and yet の前と後ろをそれぞれ別個の主張とは見なさずに、「愚かだけど、どういうわけか話したくなってしまう」のような形で、前半が後半に従属していると考えたほうがわかりやすいです。

　第 4 文は Whatever から始まっており、whatever 節が文頭に来ている形だと見なすことができます。第 1 問の英文でも確認したことですが、whatever 節のように名詞節にも副詞節にもなるものから節が始まる場合、主節がどういう構造になっているかでどちらのタイプかを判断しなければなりませんが、名詞節となる場合は、それが主節全体の主語となって後ろに動詞句が続くことが多いので、今回のように SV の形が続いている場合はまず副詞節を疑うのが基本です。

例　**名詞節**　[Whatever he says] is of no interest to me.
　　　　　　「彼が言うどんなことも私には興味がない」

　　副詞節　[Whatever he says], I will give it a try.
　　　　　　「彼が何を言おうと、私は挑戦する」

このルールに従うなら、今回の課題文は後ろにyou may rely というSVの形が続いているため副詞節であるということになりますが、ここで注意しなければならないことが1つあります。それはもし、このwhatever節を副詞節と見なした場合、後ろのmy keeping to myselfの部分の解釈をどうするのかということです。myを意味上の主語とする動名詞句になっている点はよいとして、keepingの後ろの部分が問題になります。

　keep to oneselfには「自分の殻に閉じこもる」を意味する自動詞の用法もあるので、「あなたが何を私に言おうとも、私は自分の殻に閉じこもりますのでご心配なく」という解釈もありえないとは言えないですが、やや極端に聞こえますね。最後にif that's it「それが必要なら」というフレーズがあることを考えてもこの人は普段から引きこもっているわけではなさそうです。

　そこで、このkeepingは他動詞であり、my keeping…to myselfというのは「私が…を胸のうちにしまっておくこと」を意味していると考えてみてはどうでしょうか。もちろん、この考え方は「…を」に当たる目的語がなければ成立しないわけですが、whatever節を名詞節と捉えるなら、これをkeepingの目的語と見なし、それが本来の位置から文頭に移動している形だと考えることが可能です。

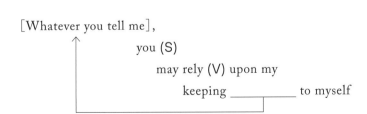

73

このように考えると、この文は「あなたが私に言うどんなことも胸のうちにしまっておきますのでご心配なく」という意味となり、文脈にもごく自然に当てはまるものとなることがわかるでしょう。

　通常は動詞の後ろに配置される目的語や補語が文頭に出る前置は述語動詞のみならず、今回のようにto不定詞句や動名詞句の目的語や補語についても適用される場合があるので注意が必要です。

正 解	① 名詞節

訳 例

やがて、彼は声を出して笑った。「この星明かりには人をおしゃべりにさせる何かがあるな。愚かだとは思うが、話したいと思ってしまう」「あなたがおっしゃったことは必要とあらば全て私の胸のうちにしまっておきますのでご安心下さい」

難易度 ★★★／（正解率44.9%）

次の英文はジェイムズ・ジョイスの『フィネガンズ・ウェイク』のレビューからの抜粋です。

What, it may be asked, is the book about? That, I imagine, is a question which Mr Joyce would not admit. This book is nothing apart from its form, and <u>one might as easily describe in words the theme of a Beethoven symphony.</u>

The Guardian, 1939/5/12

下線部が伝えようとしているのは？

1 ベートーヴェンの交響曲の主題を言葉で伝えることは容易だ。

2 ベートーヴェンの交響曲の主題を言葉で伝えることは不可能だ。

3 『フィネガンズ・ウェイク』のテーマを言葉で伝えることは容易だ。

4 『フィネガンズ・ウェイク』のテーマを言葉で伝えることは不可能だ。

単語・語句

☐ theme 「主題」（音楽上の旋律や音型としての）

☐ Beethoven symphony 「ベートーヴェンの交響曲」

ヒント

1 as の用法に注意。

2 言語化されていない部分にも目を向けよう。

75

一見、ベートーヴェンの交響曲のことが語られているので、そちらに目が行ってしまった人もいるのではないでしょうか。

　第1文、第2文ともにシンプルです。第1文で「『フィネガンズ・ウェイク』のテーマとは何か」という問題を提起し、第2文で「それはジョイスなら認めないであろう問いだ」と返す形です。第3文の前半では、nothing apart from…という表現に注意したいですね。nothing but…に近く、「…以外の何物でもない／まさに…だ」という意味になります。

　問題の下線部に目を向けましょう。might as easily…という形から、asを「同じくらい」を意味する副詞のasと判断して、「同じくらい容易に…できる」という意味だと解釈します。その際に、「同じくらい容易に」というのは何と同じくらいなのか、と考える発想があれば後の読み解きが楽になります。

　続くdescribe in words the theme of a Beethoven symphony「ベートーヴェンの交響曲の主題を言葉で描写する」ですが、ここで、これまで話していた『フィネガンズ・ウェイク』ではなく、一見、全く関係のないベートーヴェンの話が出てくることから、これをたとえとして引き合いに出しているのだということを理解したいところです。上で見た「同じくらい」というのは「『フィネガンズ・ウェイク』のテーマを言葉で描写するのと同じくらい」ということであり、one might as easily describe in words the theme of a Beethoven symphony as describe what the book is aboutと補って考えるとわかりやすいかと思います。

ここまでで下線部の文字通りの意味は理解できました。「『フィネガンズ・ウェイク』のテーマを描写するのと同じくらい容易に、ベートーヴェンの交響曲のテーマを言葉で描写できるだろう」ということです。しかし、この文の本意はそこにはありません。というのも、ベートーヴェンの交響曲の主題を言葉で描写するのが極めて難しいことは誰もが認めるであろうことであり、この文は「『フィネガンズ・ウェイク』のテーマを言葉で描写できるのなら、ベートーヴェンの交響曲の主題を言葉で描写するのだって同じくらい簡単にできる」と言うことで、『フィネガンズ・ウェイク』のテーマを言葉で描写することがいかに難しいかを強調するレトリックになっているからです。

　したがって、この文の焦点はあくまで『フィネガンズ・ウェイク』のテーマを語ることがいかに難しいかという点にあり、正解は [4] となります。

　なお、might as well (easily, reasonably) V1 as V2「V2するのはV1するも同然だ／ V2するくらいならV1するほうがマシだ」という表現は、V1の部分に絶対に不可能な、あるいは、まずやりそうもない行為を持ってくることで、V2の行為がいかに不可能か、ありえないかを強調する言い回しです。V2に当たる内容は既に文脈から明らかになっていることが多いため、as V2の部分はよく省略されます。結果として、今回の例のように一見全く関係ないことを言っているように見える例が出来上がるわけです。

4 『フィネガンズ・ウェイク』のテーマを
言葉で伝えることは不可能だ。

訳 例

本のテーマは何か、と問われるかもしれない。私が思うに、それはジョイスなら認めない質問だ。この本はまさにその形式そのものだ。説明しようというのは、ベートーヴェンの交響曲の旋律を言葉で描写しようとするようなものだ。

　この問題にも挑戦　第 **22** 問 (P.95)　第 **56** 問 (P.231)

難易度 ★★★／（書き下し問題）

Sir John Cheke (1514-1557), noted linguist and Professor of Greek at Cambridge University, was so determined that the English tongue should be preserved 'pure, unmixt and unmangeled with borowing of other tunges' (　　　) he produced a translation of the gospel of St Matthew using only native words, forcing him to coin neologisms ('new words') such as *mooned* 'lunatic', *hundreder* 'centurion', and *crossed* 'crucified'.

Simon Horobin (2018): *The English Language*

空欄に入るのは？

1 what

2 that

3 where

4 if

単語・語句

☐ unmixt 「混じりけのない」

☐ unmangeled 「台無しになっていない、破壊されていない」

☐ borowing borrowingの古い綴り

☐ tunges 「言語」（tonguesの古形）

ヒント

空欄の前と後はどういう論理関係になっている？

so determined that の部分が so…that 構文を形成して
いると考え、that の選択肢を排除してしまいませんでした
か。

オックスフォード大学の英語、英文学の教授、サイモン・ホロ
ビンの著作からの抜粋。英語の歴史や英語に対する考え方に
ついて一般読者向けに紹介した1冊になっています。

息の長い1文です。Sir John Cheke が主語になっているの
はよいとして、その後にコンマ(,)で挟まれた主語を説明する長
い名詞句が挿入されているので、ややこしいと感じた場合は
ひとまずここを括弧でくくり、Sir John Cheke (1514-1557) (S)
was (V) so determined (C) という基本の構造をつかみましょう。
その後に that 節が続くため、so determined that の部分が so
…that 構文になっていると考える人もいるかもしれません。し
かし、その解釈はここでは無理があります。

まず、was determined「決意していた」と言うだけでは何を
決意していたのかが判然としません。さらに、ここを so…that
構文と見なした場合、「ジョン・チークが強く決意していた」こと
と that 節以下の内容の間には因果関係が成立しなければなり
ませんが、that 以下の内容に目を向けてみると「英語が純粋
な形で残されるべき」という趣旨になっており、彼の決心の強
さとの間に因果関係が成立するものとは思えません。

そこで、いったん考え直し、この that 節が結果を表すもの
ではなく、determined につながる決意の内容を表すものであ
ると判断できたかどうかがポイントです。つまり、空欄の直前

までの部分は「ジョン・チークは、英語が他の言語に冒されていない純粋で混じりけのない状態で残されるべきだと決意していた」という内容になります。

続いて、空欄の後ろに目を向けると、前半は「マタイによる福音書の翻訳を、英語固有の単語のみを用いて作成した」となっています。これが先ほど確認した空欄の前の内容に対する結果となっているのは明白ではないでしょうか。

そこで、ここに先で見たso determinedと呼応する結果のthat節が入れば全てうまく説明がつくと判断でき、正解である ② のthatに辿りつきます。なお、最後の, forcing…以下はhe produced…only native wordsという節の内容を意味上の主語とし、結果を表現する分詞構文で、意味としては「その結果、彼に…のような新語を生み出すことを強制した」→「その結果、彼は…のような新語を生み出さざるを得なかった」となります。

Sir John Cheke (1514-1557)… (S)

    was (V)

    so determined that the English…tunges,

    that he produced a translation…only native words

               , forcing him to coin neologisms…

訳 例

ケンブリッジ大学のギリシャ語教授で言語学者として知られたジョン・チーク卿 (1514-1557) は、英語が「純粋で混じりけのない状態、他の言語からの借用語にも冒されていない状態で」残されるべきだと強く決意し、在来語のみを用いたマタイによる福音書の翻訳を作成した結果、mooned「狂った」、hundreder「百卒長」、crossed「はりつけ」などの新造語 (「新しい言葉」) を生み出さざるを得なくなった。

難易度 ★★／（書き下ろし問題）

Today, the inclusion of slang words, acronyms and terms deriving from social media, such as *amazeballs*, *YOLO,* and *selfie*, (　　　) updated editions of dictionaries often provoke consternation among the media and the general public, who see such words as unworthy of inclusion in such an authoritative repository.

Simon Horobin (2018)*: The English Language*

空欄に入るのは?

1 of

2 into

3 from

4 a

単語・語句

☐ amazeballs　「超すごい」

☐ YOLO　「(You Only Live Once の頭文字を取ったもので) 人生は一度きり」

☐ selfie　「自撮り写真」

☐ consternation　「驚愕、狼狽」

☐ repository　「収納場所、保管場所」

ヒント

1 動詞派生の名詞はどれ?

2 その動詞の意味が完成するために必要な要素は?

空欄の周囲だけに目を向けると、直前にあるasやfrom
に引っ張られて間違った選択肢を選んでしまうかも。

　冒頭、Todayの後に続く、the inclusionのところで早速注
意が必要です。このように動詞との関連性が強い名詞が文中
に出てきた場合、動詞だったとすればどういう要素が後ろに続
くだろうかと考えることが解釈の大きな手掛かりとなります。今
回の場合、inclusionの動詞形はinclude「含める」で、動詞と
して用いた場合、何を、どこに、含めるのかについての情報
が与えられないと意味が成立しません。

　同じことがthe inclusion「含めること」についても言え、この
単語が登場したからには、何を含めることなのか、どこに含め
ることなのか、についての説明が後から続いて出てくるはずだ、
という姿勢で読んでいくことが大切です。直後にof…があるこ
とから、「何を」についての情報はここで提示されていると理
解してよいでしょう。「スラングや頭文字語、SNS由来の用語」
を含めることについて言っていると考えられます。では、それ
らの言葉を「どこに」含めることについて言っているのでしょう
か。

　この視点で読んでいくと、空欄の後に続くupdated editions
of dictionaries「辞書の改訂版」がその情報を提供しているこ
とがわかると思います。単語や用語を「含める」場所として
極めて自然な内容です。そこで、この空欄に入る前置詞は
includeという動詞を用いた際に含める場所を表現するために
用いられるものが適当だと判断できます。動詞句で用いられる

前置詞句はその動詞が名詞化した際にも継承される傾向があるからです。

> 例　depend on the system「そのシステムに依存する」
> → dependence on the system「そのシステムへの依存」

　includeを動詞で用いて、「AをBに含める」ということを表現する場合、含める先である「Bに」の部分は、inやamongで表すことが多いですが、今回の選択肢から選ぶのであればintoが最適であるため、正解は 2 になります。なお、inやintoを用いた場合は後ろに集合を表す単数名詞が、amongを用いた場合は複数名詞がくるのが普通です。

> 例　We included him into the team.
> 「私たちは彼をそのチームに入れた」
> We included him among its members.
> 「私たちは彼をそのメンバーに含めた」

　文全体の構造としては、the inclusionからdictionariesまでの長い名詞句が主語となっており、その後にoften provoke…という述語が続くSVOの文型です。provoke consternationは文字通りに訳せば、「狼狽を引き起こす」ですが、もう少し軽く「騒ぎを引き起こす」→「騒ぎになる」くらいで捉えるのがよいでしょう。

```
the inclusion
        of slang words,...selfie,
        into updated editions of dictionaries   (S)
                            often provoke (V)
                                consternation (O)
```

正 解 　 2 　 into

訳 例

今日、amazeballs や YOLO、selfie のようなスラングや頭文字語、
SNS に由来する用語を辞書の改訂版に含めると、メディアや一般の
人々の間で騒ぎになることがよくある。彼らはそういった単語は辞書のよ
うな権威ある場所に入れるのにふさわしくないと考えているのだ。

　この問題にも挑戦　第 03 問 (P.19)

難易度 ★★／（書き下ろし問題）

Since the 1980s, debates about the welfare state have been less about solidarity than about the extent to which the disadvantaged are responsible for their misfortune. Some assert more demanding notions of personal responsibility, (　　　) more restrictive ones.

Michael J. Sandel (2020): *The Tyranny of Merit*

空欄に入るのは?

1 the

2 those

3 other

4 others

単語・語句

☐ welfare state 「福祉国家」

☐ solidarity 「連帯、結束」

☐ demanding 「厳しい、要求の多い」

ヒント

1 文が Some から始まっているのを見落とさないように。

2 ones が指すのは何?

直後にあるmore restrictive onesという名詞句だけを見て、名詞句に付く言葉を入れてしまいませんでしたか。

　能力主義を強く批判して話題を呼んだ、2020年のマイケル・サンデル氏の著書『実力も運のうち　能力主義は正義か?』からの抜粋です。国民がお互いに対してどういう責任を負うかという連帯の問題として語られていた福祉国家の議論において、80 ～ 90年代から自己責任という考え方が幅を利かせるようになってきたということを指摘している箇所になっています。

　第1文から確認していきましょう。構造はdebates about the welfare state (S) have been (V) less about solidarity than about the extent… (C)というシンプルなものですが、less A than B「AというよりもB」の形は見落とさないように注意したいところです。また、the extent to which…はよく用いられる形で、日本語としては直訳の「…する程度」とするより「どの程度…するか」と疑問詞節のように訳すほうが自然になることがよくあります。ここも「不利な立場にある人が、自らの不遇に対してどの程度の責任を負っているか」と解釈したほうが通りはよいでしょう。

　続いて、第2文に移ります。まず、Some assertと始まることから、someをsome peopleの意味で用いて「…を主張する人もいる」ということを表現していると理解しつつ、同時に、some…, others ～「…する人もいれば、～する人もいる」という対比を表す構文の可能性に意識を向けておきたいところです。目的語になっているmore demanding notions of personal responsibility の demanding は「要求の多い」ということで、要するにこの部分は「より多くのものを求める自己責任観（より多くのものを個々人の責任に求める考え方）」とでも解釈できます。一方、空欄の後ろにある more restrictive ones は ones が notions of personal responsibility を指していることを正しく理解することができれば、「より限定的な自己責任観（個々人の責任に求めるものが限られている考え方）」と解釈でき、両者の間に対比の関係があることが理解できます。

そこで、この文の冒頭の Some を思い出し、空欄に対比を表す others を入れることを考えてみましょう。ここで問題となるのは、others を入れた場合、空欄の後には assert「主張する」に当たるような動詞がないため、others と more restrictive ones という2つの名詞句が連続してしまうという点です。これに合理的な説明を付けることができるかが、この問題に自信を持って答えられるかどうかの分かれ目となります。

ここで第10問などでも扱った、同じ文型、同じ動詞の節が等位接続詞などで並列される場合、2つ目の節では共通要素である動詞を省略することが可能であるというルールを思い出すことができたかどうか。

例　Jiro loves Susan and Taro ~~loves~~ Hanako.
「次郎はスーザンが、太郎は花子が好きだ」

今回の文でもこのタイプの省略が起こっていて、S assert O という形の節が並列されているために、後ろの others assert more restrictive ones のところでは、assert が省略されている、と考えれば、2つの名詞句が連続する点についても何ら不可解な点はありません。したがって、自信を持って正解は 4 だと判断できます。

Some (S)　　　　　　　　　　　　others (S)
　assert (V)　　　　　　　　　　　~~assert (V)~~
　　more demanding notions… (O)　more restrictive ones (O)

正解　4 others

訳例

1980年代以降、福祉国家をめぐる議論は、連帯感よりも、恵まれない人々がその不幸に対してどの程度の責任を負っているかをめぐって行われるようになった。個人の責任について、より厳しい自己責任論を主張する者もいれば、自己責任の範囲をもう少し限定的に考える者もいる。

難易度 ★★／（書き下ろし問題）

Kennedy's invasion of the Bay of Pigs is regarded as one of the biggest flops in American foreign policy. That such an absurd plan was ever agreed upon, <u>never mind</u> put into action, is astounding.

Rolf Dobelli (2013): *The Art of Thinking Clearly*

下線部に意味的に最も近いのは？

1 to say the least

2 let alone

3 generally speaking

4 once and for all

単 語・語 句

☐ the Bay of Pigs 「ピッグス湾」

☐ flop 「失敗」

☐ astounding 「驚くべき」

ヒント

1 下線部の前と後はどういう関係になっている？

2 語句の文字通りの意味にとらわれ過ぎず流れを意識しよう。

ここで用いられている表現は意外に盲点になっています。知識がない場合、never mindという言葉だけを見ても意味を推測するのが難しいものです。

　スイスの実業家ロルフ・ドベリの著作『Think clearly　最新の学術研究から導いた、よりよい人生を送るための思考法』より。本書は私たちが陥りがちな認知バイアスを行動経済学などの知見に基づいて分類し、紹介しているもので、今回の英文はgroupthink「集団思考」を解説した箇所からの抜粋です。選択肢の語句は全て大学受験対策などでもよく取り上げられるフレーズで、それぞれ以下のような意味になります。

1　to say the least　「控えめに言っても」

2　let alone…　「（否定の内容を受けて）ましてや…なんて、なおさらない」

3　generally speaking　「一般的に言えば」

4　once and for all　「一気に、異論を差し挟む余地なく」

　これらの選択肢の語句の意味を前提とすると、後はnever mindの語法の知識があればすぐに正解できる問題ですが、ここでは、never mindの知識がない場合の考え方を説明したいと思います。

　第1文は全く問題ないでしょう。Kennedy's invasion of the Bay of Pigsとは亡命キューバ人部隊がCIAの支援を受けて、フィデル・カストロの打倒を試みた「ピッグス湾事件」のこと。

それが、is regarded as one of the biggest flops in American foreign policy「アメリカの対外政策の中で最大の失敗の1つと見なされる」という説明がなされています。第2文はThatから文が始まりますが、その後にsuch an absurd plan「そのような馬鹿げた計画」という名詞句が続いた時点で、Thatが名詞節を作る接続詞であり、その名詞節が文の主語となって、後に述語が続く形ではないか、と予想しておきたいところ。この予想があれば、後半に出てくるis astoundingを確認したところで[That such an absurd plan…action] (S) is (V) astounding (C)という構造がすんなりと見えるはずです。

　では、問題の箇所に目を向けます。never mindの後ろにあるput into actionは、後ろに目的語となる名詞句がないため、過去分詞句だということがわかります。とすると、never mindの前のever agreed uponと文法的に等位の関係にあるのではないか、ということが読み取れます。そこで、この2つの語句の意味を確認してみましょう。ever agreed upon「そもそも同意される」とput into action「実行に移される」となりますが、主語が「そのような馬鹿げた計画」となっていることから考えて、同意を得るのも大変ですが、実際にそれを行動に移すとなるとより一層ハードルが高いこと、起こりにくいことだということがわかります。そこからこの文は、そういう計画がそもそも同意されたというのも驚くべきことだが、実行に移されたというのはもっと驚くべきことだ、と言っているのではないかと想像できたかがポイント。

　それがわかれば、never mind put into actionは「ましてや（あまつさえ）実行されたなんて」という意味だろうと推測でき、正

解の 2 let alone を選ぶことができます。never mind は否定的な内容を受けて、さらに一層ありそうもないことについて述べる時に用いられる語句で、let alone や much less などと同様の働きをします。

> 例 | I can't explain it in Japanese, never mind in English.
> 「それは日本語でも説明できない。英語ではなおさらだ」

せっかくの機会なので、これを機に覚えておいてもよいでしょう。なお、問題文の that 節は否定文の形になっていないので、let alone や never mind が用いられる条件を満たしていないのではないか、と考えた方もいるかもしれません。実はそれ自体否定文ではなくとも、否定のニュアンスを含み、否定文と同様の性質を持つ表現というものが存在します。今回の例のように、驚きの対象を表現する that 節はその1つで、他には疑いや否定の対象を表現する that 節などがこれに含まれます。

正解 2 let alone

訳 例

ケネディのピッグス湾侵攻は、アメリカの対外政策における最大の失敗の1つと見なされている。このような馬鹿げた計画がそもそも合意に至ったばかりか、あまつさえ実行に移されたというのは、驚くべきことである。

難易度 ★★／（書き下ろし問題）

"And shall you not relent?"

"<u>Shall a geometrical proposition relent?</u> I am not so superficial."

Henry James (1880): *Washington Square*

下線部が言おうとしているのは？

1 ひょっとしたら気持ちがゆらぐかもしれない。

2 いつかは気持ちがゆらぐだろう。

3 絶対に気持ちがゆらぐことはない。

4 気持ちがゆらぐかどうかはわからない。

単 語・語 句

☐ Shall you…? 「…するつもりか」

☐ relent 「決意などが和らぐ、折れる」

☐ geometrical proposition 「幾何学の命題」

ヒント

1 疑問に疑問で聞き返している点に注意。

2 「幾何学の命題」とはどういうもの？

疑問文が文字通り何かを相手に確認していると考えてしまうと混乱しやすいでしょう。

　イギリス生まれのアメリカの作家、ヘンリー・ジェイムズの小説『ワシントン・スクエア』からの抜粋。この作品は、娘の恋人を金目当てとにらんで結婚に反対する父親と、支配的な父親に従いつつも恋人への気持ちを捨てられない娘の苦悩の物語になっています。ここは、父オースティンが姉のアーモンド婦人に「娘はあの男との関係を断たないつもりだ」と言ったのに対し、「あなたは折れるつもりはないのか」と聞かれた場面です。

　このように疑問文に対し疑問文で答える場合、いくつかのパターンがありますが、今回の「幾何学の命題」のように話題と無関係に思えるものが出てくる時は、相手の疑問文に対し、「それはこの問いと同じくらいに答えのわかり切った（馬鹿げた）問いだ」というニュアンスが込められていることが多いと言えます。これは英語に限らず日本語でも同じです。

例　A「今度の試合、彼は何とか勝てないかな?」
　　B「アリが象に勝てるかい?」

　この日本語のやり取りから、私たちはBが「彼が勝つことはまずない」と言っていることを理解します。つまり、Aの質問は「アリが象に勝てるか」という絶対に答えが否であるとわかり切っている質問と同レベルのものであるということをBの疑問

文は示唆しているのです。それによって、彼の勝つ見込みがいかに少ないかを強調する役割を果たしています。

今回の例も同じ流れで理解することができます。幾何学の命題や数学の命題というのは人間の知識の中でも極めて普遍性の高い、変動しにくいものです。ここで「あなたは折れないのか」という問いに対し、「幾何学の命題が折れるかね」と聞き返すことで、オースティンは「私に気持ちがゆらぐことはないのかと聞くことは、幾何学の命題は変化しないのかと聞くようなものであり、答えはノーに決まっている」ということを伝えようとしているわけです。したがって、正解は 3 の「絶対に気持ちがゆらぐことはない」となります。

正解 ┃ 3 絶対に気持ちがゆらぐことはない。

訳例

「で、あなたは折れるつもりはないの?」

「幾何学の命題が折れるかね。私はそんなにいい加減な人間ではない」

この問題にも挑戦 第 17 問 (P.75) 第 56 問 (P.231)

3 | 文をAndで始めてはいけない?

　「英文をAnd（やButなどの等位接続詞）で始めてはいけない」という
ルールは英語圏の教育現場でそれなりに浸透しているようです。日本
でも時に耳にするので聞いたことがある読者の方もいるかもしれません。
しかし、言語学者による文法書や語学書では奇妙なルールとして批判
的に紹介されることが多いように思います。

　そもそも、どうしてこういうことが言われるようになったのか正確なとこ
ろは不明らしく、古今の名文の中にもAndやButから始まる自然な文
がたくさん登場する（本書の第2問や第22問なども参照）ため、どうも根
拠がないと考えたほうがよさそうです（もちろん、過度な使用は文章を単
調にしてしまうため避けるべきですが、これは接続詞に限らずどんな表現
にも言えることですね）。英語を正しく理解し表現する上で文法は大切
ですが、中にはこういう怪しいルールもあって、英語で作文などをする
際の無用な足かせとなってしまいかねないので注意が必要ですね。

難易度 ★★／（正解率50%）

"Ah, you say the right thing!" said Morris, greatly (　　) the gratification of Mrs. Penniman, who prided herself on always saying the right thing.

Henry James (1880): *Washington Square*

空欄に入るのは？

1 at

2 in

3 to

4 from

単語・語句

☐ gratification 「満足」

ヒント

1 gratification はどういうタイプの名詞？

2 モリスの発言と文の後半はどういう関係になっている？

3 副詞 greatly にも注目。

「…の中で」や「…において」と考えてinやatを選んでしまう人もいるかも。

　第22問と同じく、『ワシントン・スクエア』からの抜粋（あらすじは第22問を参照）。モリスは問題の娘の恋人で、ペニマン夫人はオースティンの家で同居する彼のもう1人の姉妹であり、キャサリンとモリスの結婚に協力的です。モリスの発言は「あなたは正しいことを言っている」という内容であり、これに対するペニマン夫人の反応が本問のポイントになります。後半に目を向けると、ペニマン夫人の説明として、who prided herself on always saying the right thing「常に正しいことを言うという点を誇りにしていた」とあることから、このモリスの発言はペニマン夫人にとってまんざらではないことが推測できます。この点をgratification「満足感」という名詞と合わせて考えると、「モリスの発言がペニマン夫人の満足につながった」という流れを表現できれば最も自然な文となることがわかります。ではそうするために最適の前置詞はなんでしょうか。

　ここで、to one's 感情名詞 「○○が…したことには」という表現を思い出しましょう。感情名詞とはsurprise、pleasure、disappointmentなど文字通り人間の感情を表す名詞です。ここではその感情名詞を用いた表現が、to the 感情名詞 of 人という形になっているのでは、と考えることができた人は、すんなりと正解の 3 toを選ぶことができたのではないでしょうか。

この言い回しでは、感情を抱く主体が代名詞で表現される場合には、to one's 感情名詞 という形になるのが普通ですが、一般名詞の場合、to the 感情名詞 of 人 という形が頻繁に用いられます。また、その感情の強さを強調する場合、to の前に副詞 greatly を置くのが一般的です。

例 **代名詞** To my surprise, he chose novels over comic books.
「私が驚いたことに、彼は漫画より小説を選んだ」

一般名詞 Greatly to the surprise of his parents, he chose novels over comic books.
「両親が大変驚いたことに、彼は漫画より小説を選んだ」

訳としては「〇〇が…したことに」が一般的ですが、成り立ちを言うと、to は「結果」を表す用法であり、文字通りの意味は「結果として〇〇の…という感情に至った」というものになります。「結果」を表現するフレーズとしては珍しく、文頭で用いられることがままあるので「…したことに」という訳が生み出されたのかもしれません。今回のように文の後半で用いられている場合には、文字通りに「結果、〇〇は…した」と訳してもよいでしょう。

正解 3 to

「ああ、あなたのおっしゃることは正しい」とモリスは言った。ペニマン夫人はたいそう満足気だった。自分が常に正しいことを言っているというのが自慢だったからだ。

難易度 ★★★／（正解率50%）

In the meantime, we could never make out where he got the drink. That was the ship's mystery. <u>Watch him as we pleased</u>, we could do nothing to solve it; and when we asked him to his face, he would only laugh if he were drunk, and if he were sober deny solemnly that he ever tasted anything but water.

Robert Louis Stevenson (1883): *Treasure Island*

下線部の意味に最も近いのは？

1 彼を好きなだけ見ろ

2 彼をどれだけ見ていても

3 彼を気のむくままに見ながら

4 彼をよく見ずに

単 語・語 句

☐ make out 「理解する、発見する」

☐ to one's face 「面と向かって」

☐ sober 「しらふの」

ヒント

1 動詞の原形から始まるということは命令文。

2 命令文を従属節のように使うのはどういうケース？

命令文の特殊な用法を知らないと難しいかも。

　19世紀のイギリスの作家スティーヴンソンの代表作『宝島』
の一節。主人公の一行がヒスパニオラ号に乗り宝島に向けて
発ったところで酒癖の悪い副船長アローについての描写がな
されています。

　第1～2文はシンプルで問題ないですね。アロー副船長が
どこから酒を手に入れているのか謎だった、ということが説明
されています。続いて問題となる第3文です。Watch him as
we pleasedの部分だけを見れば命令文で「好きなだけ彼を見
ろ」とでも解釈できそうなところですが、その後に、文が切れ
ずにwe could do nothing to solve it「私たちはそれを解決す
ることがどうしてもできなかった」という節が続くため、Watch
him as we pleasedの部分が従属節のように機能していると考
えることができます。ここで、命令文を用いた「たとえ…しよう
とも」という譲歩を表す用法を思い出すことができるかがポイン
トです。やや古風な用法であり、現在の文章では一部の定型
表現に限られています。

例 Try as he may, he couldn't reach the place.
「どれほど頑張っても、彼はその場所には辿りつけなかった」
Be that as it may, you are not right.
「たとえそうだとしても、あなたは正しくない」

　このタイプの表現は古めの英語ではより頻繁に用いられま

した。今回の英文もその形で、意味的にはhowever hard we watched him「どれほど熱心に彼を観察しても」に近いものになります。よって、正解は 2 です。

なお、第3文の後半部分には特殊な表現などはありませんが、andが結ぶものには注意が必要です。if節の挿入に惑わされずに、laugh と denyという動詞の並列をしっかりとつかみましょう。

$$he\ (S)\ would \begin{cases} only\ laugh\ (V1)\ (if\ he\ were\ drunk), \\ and \\ (if\ he\ were\ sober)\ deny\ (V2)\ solemnly \end{cases}$$

正 解	2 彼をどれだけ見ていても

訳 例

その間、彼がどこで酒を手に入れているのか、どうしてもわからなかった。それはこの船の謎だった。どれだけ彼を観察していても、その謎を解明することはできなかった。本人に面と向かって尋ねると、酔っていれば笑うだけだし、しらふであれば水以外のものを口にしたことはないときっぱりと否定するのだった。

4 文法書の有名な例文には
起源があるものも…

　英語の学習参考書には昔から頻繁に登場する例文があります。た
とえば、有名なクジラの構文の A whale is no more a fish than a
horse is.「クジラは馬が魚ではないのと同様に魚ではない」や、命令
文の形を用いた譲歩構文（第24問参照）の Be it ever so humble,
there is no place like home.「どんなに質素でも、家が一番だ」など
は文法書や参考書で目にしたことがある方もいるのではないでしょうか。

　こういった例文、昔の日本の文法家が説明のためだけに作ったもの
かと思いきや、意外にそうとも言い切れないのですね。上で挙げた例
で言うと、クジラの構文については、1818年にアメリカのニューヨーク
で「クジラが魚か否か」が裁判で争われたことがあり、その際に証言台
に立った博物学者 Samuel L. Mitchill が "… a whale is no more a
fish than a man…"「クジラは人間が魚でないのと同様に魚ではない」
と言ったという記録があります。a man と a horse の違いはあるものの、
日本で使われている例文に影響を与えた可能性は十分にありそうです
ね。

　命令文を用いた譲歩構文のほうはもっと由来がはっきりしていて、
1823年に発表された *Home Sweet Home*（邦題「埴生の宿」）の歌詞の
一部からほぼそのまま採られています。もちろん、由来があるからといっ
てこういった古い例文が現在の文法書で継続して使い続けられるべき
かどうかというのは改めて検討すべきことではありますが、過去の文法
家たちも実例を学習の中に取り入れようと苦心していたことがうかがえま
す。

難易度 ★★ ／（正解率71%）

He was of middle age, heavily built, deep chested and broad shouldered. Looking at his figure, one would have said that he had a giant's strength; at his features, <u>that</u> he would use it like a giant.

Ambrose Bierce (1890): "The Middle Toe of the Right Foot"

下線部の that は何？

1 関係代名詞

2 名詞節を作る接続詞

3 副詞節を作る接続詞

4 いずれでもない

単語・語句

☐ deep chested 「胸板が厚い」

☐ figure 「姿」

☐ feature 「顔立ち、表情」

ヒント

1 セミコロン (;) の前と後ろの関係を考えよう。

2 後半の at はどういう役割？

直前のhis featuresという名詞句と強引に結びつけよう
とすると間違えてしまうかも。

パロディ的な辞書の元祖『悪魔の辞典』で知られる、19世
紀から20世紀に活動したアメリカ作家、アンブローズ・ビアス
の短編「右足の中指」から。かつて事故が起こり、霊に取り
憑かれているとされるマントン家が舞台で、そこにやってきた4
人の男のうちの1人を描写している場面です。

　第1文は単語や語句の意味さえわかれば問題ないでしょう。
この男性が体格のよい、ごつい男性だったことが述べられて
います。第2文の前半では、Looking at his figureという分詞
構文の後に、one (S) would have said (V) that… (O)という
主節が続きますが、would have saidという形からここが仮定
法過去完了になっていること、そして、文頭の分詞構文が「彼
の姿を見たとすれば」という仮定を表現していることを読み取り
ましょう。

　続いて問題となる第2文の後半です。冒頭に出てくるatをう
まく解釈できるかが鍵になります。このatを前半のLooking at
のatと結びつけて、(looking) at his featuresのlookingが省
略された形であることを読み取ることができれば、後ろの部
分も同様に前の主節と共通する要素が省略されているのでは
ないかという発想に辿りつきやすいと思います。ここは、one
would have said that…a giantのうち、共通部分であるone
would have saidが省略された形になっています。したがって、
that he would use it like a giantはsaidの目的語の名詞節とい

うことになり、正解は 2 になります。

Looking at his figure, one (S) would have said (V) that he…(O);
~~looking~~ at his features, ~~one (S) would have said (V)~~ that he…(O).

正 解 ｜ 2 名詞節を作る接続詞

訳 例

彼は中年で、体格がよく、胸板が厚くて肩幅が広かった。人はその姿
を見れば、巨人のような力を持っていると、また、その顔立ちを見れば、
巨人のようにその力を発揮するだろうと言っただろう。

この問題にも挑戦　第 14 問 (P.63)　第 35 問 (P.147)

5 参考書や問題集の後はどうやって英語の
読解力を高めればよい?

　大学受験の参考書を経て、本書のような少し難度の高い学習書で
勉強した後は、どんどん実際の英文を読んでいくことをお勧めします。
新聞や雑誌といったメディアの記事でもよいですし、小説やエッセイで
もかまいません。新聞の場合、*The Japan Times* や *The Japan News*
が日本での出来事を多く扱っていて有益です。洋書は多種多様です
が、本書のクイズで引用したものから挙げるなら、ジョージ・オーウェル
の *Animal Farm*（『動物農場』）、ロルフ・ドベリの *The Art of Thinking
Clearly*（『Think clearly　最新の学術研究から導いた、よりよい人生を
送るための思考法』）などは比較的、手軽に読めるのではないでしょうか。

　なお、1つ注意を促しておきたいのは語彙力の問題です。受験英語
+αの文法力、読解力のある人にとって、たいていの英語の文章は文
法的にはそこまで難しくないはずですが、語彙的にはハードルの高いも
のがまだかなりあるというのが実情だと思います。もし上で紹介したよう
なものを読んでみて単語が難しいと感じた場合は、先にボキャビルに集
中するというのも手です。その際には英検準1～1級クラスの単語をター
ゲットにした学習書を用いるのが効果的でしょう。拙著『知識と文脈で
深める　上級英単語LOGOPHILIA』も自信を持ってお勧めできる1冊
です。

難易度 ★★／（書き下ろし問題）

Just because something gives many people pleasure doesn't
(　　　) it right.

Michael J. Sandel (2009): *Justice*

空欄に入るのは？

1 mean

2 say

3 make

4 いずれでもない

ヒント

1 Just because から始まる文には要注意。

2 空欄の後の it right という形にも気をつけよう。

Just because…it doesn't mean ～「…だからといって、～ということにはならない」という典型パターンに引っ張られてmeanを選んでしまった人もいるのではないでしょうか。

　2010年にNHKで放送された「ハーバード白熱教室」で一躍有名となったハーバード大学のマイケル・サンデル教授の著作 *Justice* からの抜粋。本書は彼の哲学、倫理学の考え方を一般向けに紹介したもので、『これからの「正義」の話をしよう』というタイトルで邦訳も出版されヒットしました。今回の問題文は短い1文ですが、ジェレミ・ベンサムなどが主張した功利主義の考え方に対する反論になっています。

　冒頭が、Just because から始まっています。まずはこの表現に関連する構文の基礎知識を確認しておきましょう。この表現を使った Just because…it doesn't mean (follow) ～という形は「…だからといって、～ということにはならない」という意味ですが、その際、it が省略されて、あたかも just because 節が「単に…ということ」を意味する主語名詞句として機能しているような形になることがよく知られています。

例) Just because he doesn't have a job now doesn't mean he has no money.

「仕事がないからといって彼に全くお金がないということにはならない」

　さらにこの because 節の名詞化が進んだ例として、mean 以外の動詞が使われるケースもあります。ただし、あくまで、構

文全体の意味の大枠が「…だからといって、〜ということにはならない」となる場合に限られます。

　今回の英文について見てみましょう。もちろん、すぐに目につく選択肢はmeanですが、meanの後ろにこられる形は名詞句か、もしくはthat節の形です。今回の英文では、it rightという「代名詞＋形容詞」の形になっているため、このパターンに当てはまりません。では、他の動詞はどうでしょうか。選択肢の中で「代名詞＋形容詞」の形を後ろに自然に取ることができるのはmakeです。そこで、仮にここにmakeを入れた場合、文全体の意味がどうなるかを考えてみましょう。

Just because something gives many people pleasure doesn't make it right.
「単に何かが多くの人に快楽を与えるということは、それを正しいものにしない」

　これは、言い換えれば「何かが多くの人に快楽を与えるからといって、それが正しいということにはならない」に近い意味だと解釈できるので、makeを入れることは構文全体の意味とも矛盾しません。したがって、正解は　3　makeとなります。なお、この構文ではmake以外にもensureやguaranteeなどが使われることがあります。

例　Just because they feel compassion for you doesn't ensure / guarantee that they will actually do something for you.
「かわいそうだと思っているからといって、実際に何かをしてくれるという保証はない」

正 解   3 make

訳 例

　ある物事が多くの人に快楽を与えるからといって、それが正しいということにはならない。

難易度 ★★／（書き下し問題）

Behind Japan's relatively stable political course in the years following the occupation (　　　) the so-called economic miracle that had made Japan by the end of the 1960s the third largest economic unit in the world and had brought the Japanese people a personal affluence that they had never dreamed of before.

Edwin O. Reischauer (1977): *The Japanese*

空欄に入るのは？

1　laid

2　lay

3　lied

4　lying

単 語 ・ 語 句

☐　the occupation　米軍による占領のこと

☐　economic miracle　日本では「東洋の奇跡」や「高度経済成長」と呼ばれる

☐　the third largest economic unit　「第3位の経済大国」

☐　affluence　「豊かさ」

ヒ ン ト

1　主語と動詞を見極めることが肝心。

2　the so-called economic miracle の後の that 節はどこまで続いているか？

長い1文なので、骨格を見極められないと難しいでしょう。また、構造が見えても、lieとlayの変化をしっかり覚えておらず、苦戦した人もいるかも。

駐日大使も務め、一時日本人にとって最も馴染みのある海外人とも言われた米国の外交官、エドウィン・O・ライシャワーの日本人論からです。

まずは、冒頭のBehindから始まる前置詞句の中身をしっかりと見極めましょう。Japan's relatively stable political course は「日本の比較的安定した政治の路線」で、それにin the years following the occupation「占領の後の年月の」という修飾語句が付いています。ひとまず、意味は通っているのでここでBehindから始まる前置詞句が終わると仮定して、次に進みましょう。

空欄が入った後、the so-called economic miracleという名詞句に関係代名詞と思われるthat節がかかっている形が続きます。もし、この文がBehind…という前置詞句が文頭に出ただけの普通の語順の文だとすると、Behind…の後にSVという形が続くはずです。であれば、the so-called economic miracle that…という名詞句の後に、これを主語とする述語動詞が登場するはずです。

しかし、今回の文では miracle の後のthat節は文末まで続いています。2つの動詞句had made…とhad brought…が等位接続詞のandで結ばれ、さらに後半の動詞の目的語a personal affluenceには別の関係代名詞節までかかっているの

でかなり長くなっていますが、途中で節が切れるところはありません。

the so-called economic miracle

{that had made (V)
　　　　Japan by the end of the 1960s (O)
　　　　　　the third largest economic unit in the world (C)
　　　　and
　　　had brought (V)
　　　　　the Japanese people (O1)
　　　　　a personal affluence (that they had never…before.)(O2)}

　そうすると、この文は現在のところ、前置詞句＋空欄＋名詞句という形になっているということになり、「前置詞句＋V＋S」という、空間的な意味を持つ前置詞句が前に出て文の主語と動詞が語順を入れ替えた倒置構文ではないかと考えることができます。そうであれば、空欄にはthe so-called economic miracle…という名詞句を主語とするこの文の述語動詞が入るということになります。

　分詞形はそれ自体では述語動詞にはなれないので、この時点で 4 のlyingが消えます。また、今回の文は目的語を持たない自動詞の文であるため、他動詞layの過去形である 1 のlaidもありえないことになります。後は、残ったlayとliedですが、layはlie「ある、横たわる」の過去形で「あった、存在した」と

いう意味、lied は lie「嘘をつく」の過去形で「嘘をついた」という意味なので、主語のタイプや文意から見ても 2 の lay が正解であるという結論に至るでしょう。

3つの動詞の変化のパターン

	過去形	過去分詞形	現在分詞形
lie（横たわる・ある）	lay	lain	lying
lay（横たえる・おく）	laid	laid	laying
lie（嘘をつく）	lied	lied	lying

正 解　　2　lay

訳 例

占領の後の年月において、日本が比較的安定した政治の路線を辿ってきたことの背景にはいわゆる東洋の奇跡があった。日本を1960年代の末までに世界第3位の経済大国に押し上げ、日本国民にそれまで夢にも思わなかったような豊かさをもたらしたあの奇跡だ。

難易度 ★★★／（書き下ろし問題）

Dyson has received an order from the UK government for
10,000 new ventilators (　　　) support efforts by the UK's
National Health Service (　　　) treat the growing number of
patients who have contracted coronavirus, company founder
James Dyson confirmed to employees.

CNN Tweet, 2020/3/27

空欄に共通して入るのは？

1 doesn't

2 that

3 by

4 to

単 語・語 句

☐ ventilator 「人工呼吸器」

☐ UK's National Health Service 「イギリスの国民保健サービス、NHS」

☐ contract 「感染する」

☐ confirm 「（事実として）確認する」

ヒント

1 名詞句の要となる order や efforts に注意。

2 空欄の直後の動詞は原形か現在形か。

空欄以降が前の名詞句にかかる関係代名詞節だと捉え
てthatを選んでしまう可能性も。

　新型コロナウイルス感染拡大の初期のCNNアカウントのツイート
で、人工呼吸器の不足から、新たにダイソンにイギリス政府から発
注があったことを報道するものとなっています。
　最初の空欄のほうがやや難しいので、空欄に入る語が共通
であるということを利用して、後ろの空欄から考えていきましょ
う。順番に選択肢を空欄に入れてうまくいくものを考えるとい
う方法でもよいのですが、実は今回の場合、前にある単語か
ら空欄の語を予測する方法があります。ポイントとなるのは、
efforts「努力、奮闘」という名詞です。「努力」と言うからに
は、それをする主体と、その努力の内容がなければ意味が完
成しません。日本語ではこういった情報は「努力」という言葉
が出てくる前に説明されますが、英語は後から説明することの
ほうが多いため、こういう名詞を見た時点で「誰の」「どういう」
努力かと考える癖をつけることが重要です。

例 | **efforts** on the part of students [to improve the university]
「学生側の［大学をよりよくしようという］**努力**」

　なお、名詞句の行為者を表現する代表的な例としては、名
詞の前に所有格を置くパターンと、名詞の後にby, of, on the
part of…などの前置詞句を用いて表現するパターンがありま
す。また、行為の具体的な内容については、to不定詞句や

of 動名詞句の形を使って表現するのが一般的です。

　今回の例でもeffortsという名詞句を見た時点で「誰の」「どういう」努力かという視点を持つことができれば、直後のby the UK's National Health Serviceが「誰の」に当たる情報を、さらに空欄以下の箇所が「どういう」に当たる情報を提供しているのではないかと判断することができ、treatという形からスムーズに 4 の to を選ぶことができるのではないでしょうか。

　この選択肢は前の空欄に入れても、to support…という形でto不定詞句となり、文全体としても「…するために」という目的を表す副詞用法として見なせば意味が通るので、これが正解だと判断することができます。

　なお、thatが誤りとなる理由としては、後半の空欄にthatを入れた場合、空欄以下の部分が関係代名詞節となって、the UK's National Health Serviceをその先行詞だと見なさるを得ませんが、そもそもこれは固有名詞なので制限用法の関係代名詞節が修飾することはできません。また、the UK's National Health Service は単数名詞なので、仮に強引にこの名詞に関係代名詞節がかかっていると考えたとしても、その場合は、treatに3単現のsが付くはずです。こういった点から、thatが入るのはおかしいと結論づけることができます。

正　解　　 4 to

ダイソンはコロナウイルスに感染した患者の増加に対応するNHSの取り組みを支援するため、英国政府から新たに1万台の人工呼吸器を受注したと、同社の創業者ジェームズ・ダイソンが従業員に発表した。

難易度 ★★★／（正解率44%）

Since from August 1914 to November 1918 Great Britain and
her Allies were fighting for civilization it cannot, I suppose,
be impertinent to enquire what precisely civilization may be.
'Liberty' and 'Justice' have always been reckoned expensive
words, but <u>that 'Civilization' could cost as much as I forget how
many millions a day came as a surprise to many thoughtful tax-
payers.</u>

Clive Bell (1938): *Civilization: An Essay*

下線部の述語動詞は？

1	cost	2	forget
3	came	4	述語動詞はない

単語・語句

☐ from August 1914 to November 1918　第一次世界大戦の期間

☐ Allies　「連合国」

☐ impertinent　「不適切な、無関係の」

☐ enquire　「尋ねる、問う」

☐ reckon OC　「OをCだと考える」

☐ come as a surprise　「驚きである」

☐ tax-payers　「納税者」

ヒント

1 that のここでの用法は？

2 第13問の英文で扱った特殊な形を思い出そう。

as much asの後ろにI forgetとSVの形が続くことから、
ここを節だと考えてしまって混乱した人もいるのではない
でしょうか？

イギリスの芸術批評家、クライブ・ベルのエッセイの冒頭より。
反戦思想家としても知られた人物で、この評論は第一次世界
大戦におけるイギリスの大義名分が「文明のための戦い」だっ
たことを受け、文明とは何かという考察から始まっています。

第1文は「理由」を表すsince節がfor civilizationまで続き、
it cannot…から主節に移行する形。主節の構造は、it…to不
定詞の形式主語構文です。コンマ(,)で挟まれたI supposeは
挿入節として処理しましょう。

第2文の前半はreckon OCが受動態になった形で、「「自
由」や「正義」は常に高価な言葉だと考えられてきた」と解釈
できます。ここで言う「高価な」が少しわかりにくいかもしれま
せんが、後半の最後にtax-payersという言葉があるので、「国
にとってお金がかかる」くらいに考えてよいでしょう。

後半は構造の正確な把握が最大のポイントです。まず、
that 'Civilization'の部分ですが、引用符の存在や頭文字
が大文字であることから、'Liberty' and 'Justice'と同列のも
のとして用いられていると判断できます。したがって、thatは
'Civilization'を前から限定して「あの、その」を意味するもの
ではなく、「…ということ」を表す名詞節を作る接続詞だと見な
せます。では、そのthat節はどこまで続くのか。'Civilization'
(S) could cost (V)ときて、costの目的語を期待したところで、

as much as I forget…という従属節のような形にぶつかります。ここでcostの目的語になっていなければならないのだから、as much asは数詞を含む名詞に付いて「…にも上る」を表す用法ではないか、と考えることができたかどうかがポイントになります。この考えがあれば、as much asを後ろのmillionsと関連させ、結果として、I forget how manyの部分を挿入的な要素として捉えることができると思います。

　種明かしをすると、これは、第13問の英文で扱ったsyntactic amalgamの一種で、as much as … millions「…百万にも上る」という表現と、I forget how many millions they were「それらが何百万かは忘れた」が融合して、as much as I forget how many millions「何百かは忘れたが、うん百万にも上る」という名詞句を作っています。ここがわかってしまえば、'Civilization' (S) could cost (V) as much as I forget how many millions (O) (a day)という構造がしっかりと見え、ここまでがthat節の範囲で、後ろのcameが文の述語動詞であると判断できます。

正解　3 came

訳例

1914年の8月から1918年の11月まで大英帝国とその同盟国は文明のために戦ったわけであるから、文明とは厳密には何なのかということを問うておかしいということはなかろう。「自由」や「正義」は常に金のかかる

言葉だと考えられてきたが、「文明」に一日に何百かは忘れたが、うん百万ポンドにも上る費用がかかりうるというのは多くの心ある納税者たちには驚きだった。

この問題にも挑戦　第 13 問　(P.59)

難易度 ★★／（書き下ろし問題）

But life, of course, consists of final partings as well as first meetings; and <u>as much as</u> I and my family miss him,* I know he would want us to enjoy Christmas.

Queen Elizabeth's annual Christmas Speech, 2021

＊him はエリザベス女王の夫のフィリップ殿下のこと。

下線部の意味に最も近いのは？

1 because

2 even though

3 just as

4 only if

単 語・語 句

☐ final partings 「最後の別れ」

ヒント

as much as 節とその後の節の関係を考えよう。

as much asの表面上の意味にとらわれると、選択肢を誤るかも。

　イギリスのエリザベス女王のクリスマススピーチからの抜粋です。2021年の4月にフィリップ殿下が亡くなったことを踏まえ、「クリスマスは大切な人を失ったばかりの人々にはつらいものともなる」という趣旨の発言の後につづく箇所です。

　meetings; までの部分は、「人生は最初の出会いだけでなく、最後の別れからも成り立っている」ですが、意味を汲んで「人生には最初の出会いだけでなく最後の別れもある」というくらいに解釈してよいでしょう。

　続く、as much as…の箇所ですが、ここを前のas well asに引っ張られて「…と同じように、…と同じくらいに」と解釈してはダメです。仮にas much asの他の意味の知識がなくても、文脈をヒントに考えてみましょう。as much as節の内容は、「私と家族は彼がいなくて寂しい」であり、一方、その後に続く主節は「彼が私たちにクリスマスを楽しむことを望んでいるとわかっている」となっていることから、as much as節の内容と主節の内容が対照的になっていることがわかります。

　ここで、このas much asを(as) rich as he is「彼は豊かだが」のような逆接の意味と結びつけて考えることができれば、正解の 2 を選べるのではないでしょうか。なお、(as) much asの「…だけれども」を表す接続詞としての用法は辞書にもきちんと掲載されているものなので、知らなかった場合はこれを機に覚え

ておいたほうがよいでしょう。

正 解　　2　even though

| 訳 例 |

しかし、もちろん、人生には最初の出会いだけでなく最後の別れもあり
ます。そして、私と家族たちは彼がいなくて寂しく思っていますが、彼が
私たちにクリスマスを楽しんでほしいと思っていることもわかっています。

この問題にも挑戦　第 21 問 （P.91）

6 byの意味に見えるuntil?

　大学受験勉強などの際に、前置詞のbyとuntilの意味の違いについて習った人も多いと思います。具体的に言うと、byは「…までには」という期限のニュアンス、untilは「…までずっと」という継続のニュアンスを持っている、という違いです。しかし、untilを用いた文例の中には一見、期限のニュアンスなのではないかと思えるようなものも存在します。以下の文を見てみましょう。

　You have until tomorrow to submit your essay.

　この文の意味が「エッセイ提出の期限は明日だ」であると聞くと、untilを「…までには」という意味で使っているようにも思えます。しかし、実際はそうではなく、このuntil…は「…までの時間、猶予」という意味の特殊な前置詞句で、ここではhaveの目的語になっています。つまり、「エッセイを提出するのにあなたは明日までの猶予を持っている」というのがこの文の直訳ということです。このuntil…は以下のように動詞のgiveやtakeの目的語となることもあります。いずれもuntil…の部分を「…までの時間、猶予」を表す名詞的なフレーズとして考えることで自然に解釈できると思います。

　I can give you until tomorrow to make a decision.
　「決心するのに明日までの猶予を与えよう
　→明日までに決めてもらおう」

　It will take until tomorrow for the paint to dry completely.
　「塗装が完全に乾くのは明日までの時間を必要とするだろう
　→塗装が完全に乾くには明日までかかるだろう」

難易度 ★★★★／（正解率31%）

It is my duty as a Rescueman to save life and to aid the injured. I will be prepared at all times to perform my assigned duties quickly and efficiently, placing these duties before personal desires and comforts. <u>These things we (I) do, that others may live</u>.

Richard T. Kight (1946): "The Rescueman's Creed"

下線部の元になっている文型は?

1 SV

2 SVC

3 SVO

4 SVOO

単語・語句

☐ Rescueman 「レスキュー隊員」

☐ assigned 「課せられた」

ヒント

1 語順がどうなっているかをよく考えよう。

2 後半の that 節内の may にも注意。

that 節の用法を正しく理解しないと構造を誤解してしまうかも。

　アメリカ空軍特殊作戦コマンド（アメリカ空軍の主要軍団組織）のパラレスキュー部隊のモットーとして知られる言葉からの引用。1946年から1952年にかけて空軍レスキュー隊の司令官だったリチャード・T・カイトによって作成されたもので、特に最終文の文末、that others may live の部分は有名なフレーズです。2021年にTBS系で放送されていたドラマ「リコカツ」でも、主人公が航空救難団のエース隊員だった関係で、このフレーズが数回にわたって出てきていました。実はこのクイズを思いついたきっかけはそのドラマです。

　第1文はシンプルなit…to不定詞の形式主語構文。第2文もbe prepared to不定詞「…する準備がある」という基本語句が中核になっていて難しくはありませんが、文末にあるplacing以下の分詞構文ではやや注意が必要です。動詞placeの「置く」の意味や、優先順位としての「前に」を表すbeforeは的確に理解したいところです。全体の意味は、「私は常に課せられた任務を迅速かつ効率的に遂行する覚悟であり、これらの任務を自身の願望や快適さよりも優先する」となります。

　問題の第3文に移りましょう。名詞句の直後にwe (I) doというSVが続くため、we (I) doが関係代名詞節としてThese thingsを修飾していると考えてしまう人もいるかもしれません。しかし、これは無理があります。These things は直前で説明されていた「私が遂行する任務」のことを指しているわけです

から、「私がすること」であるのはこの時点で自明であり、we (I) doという重複する内容の関係詞節が修飾するのは奇妙です。もちろん、仮に強引にそのように考えてしまいそうになっても、後半まで読めば構造上の矛盾が生じるため、その解釈はありえないと判断できます。ただし、後半の構造が少し難しく、そこで考えが変な方向に行ってしまわないようにすることが重要です。

　では後半のthat others may liveはどういう用法でしょうか。関係代名詞節が思い浮かぶ人もいるかもしれませんが、others may liveには主語が既にあり、また、liveは通常は自動詞で目的語を取ることができないので、その解釈を採用することはできません。ここで、助動詞のmayが用いられていることから、目的のso that節との類似性に気づき、「…するために」と目的を表す副詞節ではないかと考えることができたかがポイントです。現在では、so (that)節を用いるのが自然ですが、少し古い英語ではthatだけでこの意味を表現しているものがかなりあります。

　このように考えてくると、仮にwe (I) doをThese thingsにかかるものだと判断すると、その後ろには副詞節があるだけということになって、These things we (I) doという名詞句が浮いてしまうことになるため、はっきりと無理が生じることがわかります。結果として、ここは、These things (O) we (I) (S) do (V) というように、SVOのOが前置されOSVになった形と解釈するしかないということになり、正解は 3 のSVOだと判断できます。

These things (O)

             we (I) (S)

                do (V)

                     (, that others may live.)

正 解　　3 SVO

訳 例

レスキュー隊員として、命を救い傷ついた人を助けるのが私の任務だ。いついかなる時も、課せられた任務を迅速かつ効率的に遂行する準備ができており、これらの任務を個人の願望や快適さよりも優先する覚悟だ。そうするのは、他者を生かすためだ。

難易度 ★★／（書き下ろし問題）

"If there was anyone on our guest list who was offended by us <u>asking</u> them to be vaccinated so that they could enjoy an event where our high-risk parents would be, and they somehow felt that their freedom of choice was more important than our parents <u>being</u> able to be at our wedding and enjoy themselves safely, I have no interest in maintaining that friendship," says Post.

TIME, 2021/5/29

下線部の asking と being は動名詞それとも現在分詞？

1 asking が動名詞で being が現在分詞

2 asking が現在分詞で being が動名詞

3 両方とも動名詞

4 両方とも現在分詞

単語・語句

☐ be vaccinated 「ワクチン接種を受ける」

☐ high-risk 「（重症化の）リスクが高い」

☐ somehow 「どういうわけか、ともかくも」

☐ have no interest in …ing 「…する気がない」

ヒント

下線部の…ing形の前にある名詞句の特性を考えよう。

135

長い1文になっているので、全体の構造をしっかりと把握しないと混乱してしまうかも。

　コロナ禍で結婚式などのイベントを開催する場合、感染対策のために参加条件も設けなければならず大変です。特にワクチン接種やマスク着用などについては人によって様々な考え方があり、揉め事の原因となる場合も。今回の英文は自身の結婚式の参加者にワクチン接種を求めている人の言葉からの抜粋です。かなり長い文になっているので、下線部の検討に入る前に全体像を確認しておきましょう。

　If there was…という形で文が始まるため、文頭に副詞節のifが置かれたものと判断し、if節が終わると同時に主節のSVが出てくるはずと予想しつつ読み進めましょう。if節ではthere was anyone…のanyoneに関係代名詞節のwho節がかかり、さらにそのwho節の中に目的を表すso that節が含まれる形になっています。so that節の切れ目と思わしきwould beのところでコンマ(,)が出てくるため、if節もここで終わるのかと思いきや、さらにその後にandと続いて、if節の後半が始まります。後半の節は前半に比べると複雑ではないですが、それでも、they somehow felt that…のthat節の内容がかなり長く、注意が必要です。これが切れるところで再びコンマ(,)が登場し、その後に、I have no interest…というわかりやすいSVの形が登場するため、ようやくここでif節が終わり、I have no interest…が主節だと判断することができます。

> **If**
>
> there was (V1) anyone (S1) on our guest list
>
>   {who was offended by us asking them to be vaccinated
>
>   (so that they could enjoy…)},
>
> and
>
> they (S2)
>
>   somehow felt (V2)
>
>   [that their freedom of choice was …safely], (O)

I (S)

   have (V)

      no interest… (O)

　それでは、下線部の検討に入っていきましょう。実はこの問題は、下線部周辺を見るだけで、ある程度は正解の当たりをつけることができます。まず、下線部の直前にある名詞句が、1つはusという代名詞であり、もう1つもour parentsでweの所有格を含んでいることに注目します。次に動詞の…ing形が現在分詞となって名詞を修飾する場合の役割を考えてみましょう。その役割は、関係代名詞節と似て、条件を加えて指す対象を絞りこむというものです。たとえば、下の例では、majoring in English「英語を専攻している」という条件が加わることで、studentsの指す範囲が一気に絞りこまれているのがわかるでしょう。

> 例　students majoring in English
> 　　「英語を専攻している学生」

こういった特性から、現在分詞句は既にこれ以上絞りこむことのできない名詞句、つまり、固有名詞や代名詞のようなものは修飾しないのが普通です。

　今回の英文では下線部の前にある名詞句が、双方とも特定の個人を指しているため、現在分詞句が修飾する可能性は低いと判断し、動名詞という答えを予測できます。文意と照らし合わせてみても動名詞の解釈の方がしっくりくるはずです。「ゲストの中に私たちに気分を害した人がいる」と解釈するよりも「ゲストの中に、私たちがワクチン接種をお願いすることで気分を害した人がいる」と考えたほうが自然ですし、「私たちの両親よりも、自分たちの選択の自由のほうが重要と感じた」と解釈するよりも、「私たちの両親が安全に式に参加し楽しむことよりも、自分たちの選択の自由のほうが重要と感じた」と考えるほうが自然でしょう。動名詞の意味上の主語に代名詞を用いる場合、所有格や目的格とするというのもポイントですね。

| 正 解 | ③ 両方とも動名詞 |

訳 例

「重症化リスクの高い両親も参加するのでワクチン接種をお願いしたことに対して招待客の誰かが気分を害したとして、自分たちの選択の自由のほうが、我々の両親が安心して式に出て楽しむことができることより、重要だと感じたのであれば、そういう人と友達でいつづけようとは思いません」とポストは語っている。

難易度 ★★／(書き下ろし問題)

A Baltimore restaurant group has apologized after a video showed a Black woman and her son being denied service because the boy's clothes didn't fit a restaurant's dress code, even though a White boy, dressed (　　　), was seemingly allowed to dine there.

CNN Twitter, 2020/6/24

空欄に入るのは?

1 similarly

2 differently

単語・語句

☐ Baltimore 「ボルチモア (アメリカ合衆国メリーランド州の最大の都市)」

☐ deny IO DO 「IOにDOを認めない、与えない、拒否する」

ヒント

1 選択肢の語の品詞は同じもの。

2 なぜ謝罪したのかを考えよう。

この問題は文法の観点からはどちらの選択肢も入る可能性があるので、素早く文意の判断に切り替えないと考え込んでしまうかも。

メリーランド州ボルチモアのレストランで起きた人種差別と思わしき対応に対するレストラン側の謝罪についてのCNNのツイートから。

上でも指摘した通り、選択肢は双方とも様態を表す副詞なので、どちらを入れても、dressed（　　　　　）の部分の構造が大きく変わるということはありません。言い換えれば、空欄に入れるものとしてどちらが適切かは文意から判断するしかないということです。構造を丁寧に確認しながら、文全体の意味をしっかりと理解していきましょう。

A Baltimore restaurant group (S) has apologized (V)「ボルチモアのレストラングループが謝罪した」という基本的なSVの構造から始まりますが、この時点で「謝罪した」とあるからには、その理由が多少なりとも説明されるはずだということを頭の片隅に置いておくことが重要です。

続くafter節では、a video (S) showed (V) a Black woman and her son (O) being denied service (C)という第5文型の構造をしっかりとつかみ、動画が「黒人女性とその息子がサービスを拒否される様子」を映し出していたことを理解しましょう。この部分までを読んで判断すると、差別的なふるまいを謝罪したのかな、と考えられるかもしれませんが、さらに、「サービスを拒否された」理由がbecause節によって「少年の服がドレス

コードに合わないという理由で」というように追加されています。ドレスコードに合わないという理由でサービスを拒否することは一見すると正当な理由なので、ここで、また謝罪の理由が不透明になります。

　そこで、さらにヒントを求めて文末のeven though節に目を向けましょう。even though節の内容を空欄を置いたまま日本語にすると、「（　　　）の服装をした白人の少年はそこで食事させてもらえたらしいのに」となります。先の流れに沿って、どうして「謝罪」せねばならなかったのかを確認しながら読んできた人は、ここまで読んだ時点で空欄にsimilarlyが入ることがすんなりとわかると思います。

　even though節の前までの情報では、「ドレスコードにそぐわない」というレストラン側の言い分が成り立つ限り、謝罪の必要性は出てきません。しかし、冒頭ではっきり「謝罪した」と言っているわけですから、even though節の中にはこの言い分が成り立たないことを示す情報が含まれているということになります。当該のレストランで白人の子供が食事をできていたとしても、全く異なる服装をしていたのであれば、「あの子供はドレスコードを守っていたから」という説明ができてしまいます。言い訳のしようがないのは、同様の恰好をしていても白人の子供だったら入店を許されていた場合でしょう。したがって、正解は 1 のsimilarlyとなります。

正解　　1 similarly

レストランで黒人女性とその息子がドレスコードにそぐわないからとサービスを拒否されるも、どうも同様の恰好をした白人の少年は入店を許されていたらしいということが動画で明らかになり、ボルチモアのレストラングループが謝罪した。

難易度 ★★ ／（書き下ろし問題）

According to the Asahi Shimbun newspaper — 10 universities
<u>were</u> identified <u>has</u> having <u>held</u> "inappropriate entrance
exams" — <u>meaning</u> students were treated different based on
characteristics including their age or sex.

BBC News, 2018/12/14

下線部のうち誤っているのは？またどう修正すべき？

1. were
2. has
3. held
4. meaning

単語・語句

☐ different　ここはdifferentlyに近いニュアンス

☐ including…　「…のような、…などの」

ヒント

1 おそらくはミスタイプによって生じた誤りだと思われる。

2 文の構造がしっかりと成立する解釈を考えよう。

誤文訂正の問題は普段から文法的に正しい読み方を心がけていないとなかなか気づけません。この例のように公式の英文が間違っていることもあるので、細かい文法のミスを見抜く力も必要です。

2018年に日本の一部の医学部、医大で女子受験生の得点が一律減点されていたことが発覚し、問題となりました。そのことを報じたBBCのニュース記事からの抜粋です。

勘のよい人なら、were identified hasまで読んだ時点で、identify O as C「OをCと見なす」といった語句の知識から、identified asじゃないか、と気づくかもしれません。クイズでなければ、hasを勝手にasと読んで読み飛ばしてしまうかも。すぐに気づけなかった場合にどう考えればよいかを検討していきましょう。

この問題は誤っている部分を特定するだけならそこまで難しくはないと思います。10 universities (S) were identified (V)とはっきり文の主節となりそうなSVが続いた後に、接続詞などが入ることなくhasという動詞が出てくるのはおかしいと感じるでしょう。しかも、そのhasの後ろにhaving heldという通常、hasとは結びつかない形が続いていることで、一層、違和感を強く覚えるのではないかと思います。では、このhasの部分が誤っているとしてどう修正すればよいでしょうか。

ここは前のidentifiedをヒントに考えるのがよいですね。having held…「不適切な試験を実施していた」は大学がやっていたことを述べています。文脈から全体が「10の大学が不

適切な試験を実施していたことが確認された」という意味になればよいと考えられるので、identify O as C「OをCと見なす／認定する」の知識と結びつけてasにすれば文意が通ると判断できます。hasとasは1文字違いなので、ミスタイプでhasになってしまったことも十分ありそうですね。

ダッシュ（—）以下の部分は、"inappropriate entrance exams"の具体的内容を説明しています。differentが副詞的に用いられていることに注意しましょう。

| 正 解 | ② has（hasをasにすれば正しい文になる。） |

訳 例

朝日新聞によれば、10の大学が「不適切な入試」を行っていた──つまり、年齢や性別などの特徴によって受験生が差別的に扱われていた──ことが判明したとのことである。

この問題にも挑戦　第 **49** 問 (P.203)

7 侮れない児童文学

　大人向けの洋書は難しいのでまずは児童文学から挑戦してみようと考える人は一定数いると思います。しかし、そういう感覚でたとえば『ハリー・ポッター』シリーズなどの原書に挑んでみた人はその難度に衝撃を受けたかもしれません。というのも、児童文学とは言っても、小学校高学年以上を対象としたものとなると文の構造も語彙もかなり本格的で手強く、大人向けの小説を読むのとそこまで変わらないからです。

　私自身、この本の原稿の校正をしている際に偶然『ピーター・パン』や『フランダースの犬』の原書を読みましたが、英検1級レベル以上の単語が使われていることに加え、文の構造にも相当入り組んだものがあり、英語をそれなりに読み慣れた人でないと厳しいのではないかと感じました。逆に言うと、児童文学に挑戦してみたが意外に難しくて挫折してしまったという人もそこまで落ち込む必要はないということです。

難易度 ★★★／（正解率30%）

The doctor's four venerable friends made him no answer, except by a feeble and tremulous laugh; so very ridiculous was the idea, <u>that, knowing how closely repentance treads behind the steps of error, they should ever go astray again.</u>

Nathaniel Hawthorne (1837): "Dr. Heidegger's Experiment"

下線部の that 節はどういう機能？

1 関係代名詞節

2 結果を表す副詞節

3 同格の名詞節

4 いずれでもない

単 語 ・ 語 句

☐ venerable 「尊敬に足る、尊ぶべき」

☐ tremulous 「震えるような」

☐ repentance 「悔恨、後悔」

☐ go astray 「道から外れる、堕落する」

ヒント

1 文学作品で用いられる so…that 〜構文の特殊なパターンに注意。

2 節と節の因果関係をよく考えよう。

　下線部の直前に、so very ridiculous という語句がある
ため、soと結びつけて 2 を選んでしまいがち。

　19世紀のアメリカの作家、ナサニエル・ホーソーンの短編小
説「ハイデガー博士の実験」より。博士は若い頃におかした過
ちが原因で不幸な人生を過ごした4人の知人を家に招き、「青
春の水」で若返ってみないかと人体実験に誘います。今回引
用したのは、前のめりになる4人に対し、「若返ってまた同じ
間違いをおかさないよう注意したまえ」と博士が諌めた直後の
場面です。

　セミコロン(;)の前までは難しくありません。骨格はThe
doctor's four venerable friends (S) made (V) him (IO) no
answer (DO)の第4文型で「4人の敬うべき友人たちは彼に何
の返答もしなかった」という意味。続いて、except by a feeble
and tremulous laugh「弱々しい、震えるような笑いを除いては」
という前置詞句があることから、全体としては「何も答えずた
だ弱々しく震えるように笑っただけだった」という趣旨になるこ
とがわかります。続いて、セミコロン(;)の後ろの部分ですが、
ここで、上で指摘したように、「so…that」だ!と飛びつかない
ことが重要です。一見すると、セミコロン(;)以下の部分は、
次のような通常のso…that構文のso very ridiculousが前に出
て生じたものに見えます。

The idea was so very ridiculous that…

→ so very ridiculous was the idea that…

　実際、このようなso…that構文の変形はよくあるものですが、今回の場合、この解釈が正しいとすると、so very ridiculous was the idea「その考えがあまりに馬鹿げている」ということとthat節の内容の間に因果関係が成立していなければならないことになります。しかし、「その考え（＝直前の博士の発言の内容）が馬鹿げている」からthey should ever go astray again「彼らが再び道を踏み外す」というのはどうもよくわかりません。ここで、いったん立ち止まって考え直すことができるかがポイントです。so…that構文にはさらなる変形パターンとして、that節の内容を主節として先に出し、その後に、理由に当たるso…の部分を表現するものがあります。

例 | All of us doubted our ears, so unbelievable was his story.
「私たちはみんな自分の耳を疑った。それほど、彼の話は信じがたいものだった」

　今回の例もそのパターンだと考えてみてはどうでしょうか。そうなると、下線部のthat節は素直に直前のthe ideaと結びつくことになり、the ideaの中身を説明する同格節だと判断することができます。このように解釈すると、so very ridiculous…以下の意味は「過ちをおかしたすぐ後に後悔がついて回ることを知っている彼らが再び道を踏み外すなどという考えは、あまりに馬鹿げていた」となり、これは文の前半の「4人の敬うべき友人は何も答えずただ弱々しく震えるように笑っただけだった」という箇所の理由として十分成り立ちます。よって、この解釈

は構文としても文意の点でも無理がないということになり、正解は 3 の「同格の名詞節」だと自信を持って答えることができます。

正解 3 同格の名詞節

訳例

博士の敬うべき4人の友人は何も答えず、ただ弱々しく震えるように笑っただけだった。過ちをおかしたすぐ後に後悔がついて回ることを知っている彼らが再び道を踏み外すなどと考えるのはあまりにも馬鹿げていたからだ。

難易度 ★★★★／（正解率22%）

But he would listen to no such thing. We had been sent to be their guests, he said, and their guests we should remain for so long as might be convenient to us. <u>Would we lay upon them the burden of the sin of inhospitality?</u>

Henry Rider Haggard (1905): *Ayesha: The Return of She*

最後の疑問文は誰から誰に向けられたもの？

1 「彼」から「私たち」

2 「私たち」から「彼」

3 「彼」から「彼」自身

4 「私たち」から「私たち」自身

単語・語句

☐ for so long as…　「…である間はずっと、…である限り」

☐ lay the burden　「重荷を課す」

☐ inhospitality　「もてなしの悪いこと、冷遇」

ヒント

1 第2文からの流れで第3文も理解しよう。

2 この場面で「もてなしが悪い」という罪を背負うのは誰？

1人称である代名詞 we が用いられているため、語り手の発言や心情の描写だと考えてしまった人もいるのでは？

『ソロモン王の洞窟』などの冒険小説で知られる19〜20世紀のイギリスの作家、ヘンリー・ライダー・ハガードの小説から。『ソロモン王の洞窟』と並んで有名な「アッシャ」シリーズの第2作『女王の復活』からの抜粋です。かつてアフリカで会ったアッシャに再び会えるはずだと、夢に従ってアジアを旅するホーリーとレオの2人は、壮絶な冒険の末にラマ教の僧院に辿りつき、そこでもてなしを受けます。しばらくのち、2人がいつまでも世話になるのは悪いからと廃墟に移って自分たちで食料を調達すると僧院長に伝えたのに対し、僧院長がどう反応したかが描写されています。

第1文のwould…no such thingには拒絶のニュアンスがありますね。「どうしてもそれを聞き入れようとしなかった」という感じです。

続く第2文はWeが主語になっていますが、he saidというフレーズが挿入されているので、僧院長の発言だということがわかります。ただし、僧院長の言葉そのものを引用しているのではなく、間接話法的に「2人」を指す場合は1人称が、「僧院の人々」を指す場合は3人称が使われていて、時制も直接話法であれば過去形で表現される部分が大過去を表す過去完了形になっています。このように直接話法と間接話法が混じり合ったような形を「描出話法」と呼びますが、この種の表現を訳す場合、登場人物の発言であることを明示し、直接話法的

に訳すと誤解が生じにくいものになります。今回の例では、僧院長からの2人への返答であるという点を考慮し、weやusの部分を2人称のyouに、theirの部分を1人称のourに対応させて、「あなたたちは私たちの客人としてここに導かれてきたのだから、あなたたちの都合が悪くならない限りは、私たちの客人であり続けるべきだ」という意味だと判断しましょう。

第2文の解釈をこのようにしっかりと行っておくことで、第3文の正しい読みに辿りつくヒントが得られます。weが主語になっているので、一見すると語り手であるホーリーの考えや描写のように思えますが、まず、そもそもなぜ突然、疑問文なのだろうかというところで少し違和感があります。さらに、文の意味を考えると、「私たちは彼らに客人に対するもてなしが悪いという罪を背負わせるつもりだったのだろうか」と自分で自分の意志を確認するような形になってしまい、これも不自然です。ここで、第2文と第3文を結びつけて、この第3文もhe saidの内容、つまり、僧院長の発言の内容が続いているのではないかと考えることができたかがポイント。実はこの第3文も僧院長の発した疑問文なのですが、第2文と同じように、代名詞と時制の部分だけが間接話法の形式になってしまっているものなのです。

それを前提にして、weを2人称のyou、themを1人称のusにして時制を現在時制に直して解釈すると、この文の元々の形はWill you lay upon us the burden of the sin of inhospitality?「あなたがたは私たちに客人に対してもてなしが悪いという罪を背負わせるつもりですか」だということがわかります。このように解釈すれば「どうか客人であり続けて下さい」と言っていた第2文の内容とスムーズにつながりますね。正解はもちろん、

1 となります。

　描出話法の文は特定人物の発言が、そうであることが明示されず、あたかも地の文であるかのような形で登場するため注意が必要です。今回の場合、直前に大きなヒントとなる he said を伴った文があったため、それが第3文に及んでいるということも比較的想像しやすかったかもしれません。

正解　　1 「彼」から「私たち」

訳例

しかし、彼はそんなことにはどうしても耳を貸さなかった。君たちは私たちの客人としてここにきたんだ、そう彼は言った。だから、都合が悪くならない限りは私たちの客人であり続けるべきだ。私たちにもてなしもできない奴との汚名をかぶせるつもりかい、と。

　この問題にも挑戦　第 **54** 問　P.223

難易度 ★★／（正解率32%）

Our road ran across the level, fertile plain <u>but</u> a small portion of which was cultivated, though I could see that at some time or other, when its population was greater, every inch of it had been under crop.

Henry Rider Haggard (1921): *She and Allan*

下線部の but に最も近いのは？

1 yet

2 only

3 except

4 however

単 語 ・ 語 句

☐ level 「平らな、平坦な」

☐ fertile 「肥えた、肥沃な」

☐ at some time or other 「いつかしらには、いつだかには」

☐ under crop 「作付けしてある」

ヒント

1 but の主な用法は接続詞と副詞と前置詞。

2 関係代名詞節の構造をしっかりと考えよう。

名詞句の直後に「but＋名詞句」という形が続いている
ので、接続詞や前置詞だと考えてしまった人もいるので
は。

ヘンリー・ライダー・ハガードの二大シリーズのそれぞれの主
人公、アラン・クオーターメインとアッシャが共演を果たした作
品からの抜粋。敵対する人食い族との戦いにおいて兵士たち
の指揮をアッシャから任されたクオーターメインが、兵士たちの
いる場所へ向かっているシーンです。

　この問題は文法構造をしっかりと考えることで正解に辿りつく
ことができます。butには接続詞、副詞、前置詞といった複数
の用法があるので、順番に確認していきましょう。まず、but
を「…を除いて」を意味する前置詞と考えたとしましょう。その
場合、of which…以下はa small portionかあるいはthe level,
fertile plainを修飾することになります。しかし、だとすると、
of whichという関係代名詞節の性質上、後ろには主語と動詞
を伴う形が続かなければなりません。今回は主語がなく、of
whichの後ろにすぐにwas cultivatedという動詞句が来ている
ので、この解釈はできません。

　butを逆接の等位接続詞と考えたとしても、やはり、of
which節の先行詞はa small portionになるので、同様です。
そもそも、関係代名詞以降が動詞句のみで形成されている時
点で、関係代名詞は通常、その動詞句の主語に当たるものに
なるのが普通です。

例 books which sold well　≫ whichがsold wellの主語

students who speak English　≫ whoがspeak Englishの主語

　しかし、今回はof whichと「前置詞＋関係代名詞」の形に
なっているので、主語になることができないのでは、と考える
人もいるでしょう。こういう場合は、of whichだけを取り出して
考えるのが間違っており、of whichがより大きな名詞句の一部
となっていて、その名詞句が後ろの動詞句の主語になってい
ると考えられます。

例 books, some of which sold well

　≫ some of whichがsold wellの主語

students, many of whom speak English

　≫ many of whomがspeak Englishの主語

　今回もこれに従って考えると、a small portion of which…以
降がthe level, fertile plainを修飾する関係代名詞節であり、a
small portion of whichがカタマリとなって、was cultivatedの
主語になっていると考えられます。そうすると、butはこの修飾
関係を邪魔しないものということになりますので、only「…だけ」
と同じ副詞の用法であるということがわかります。

正 解　2 only

私たちの道は、平らで肥沃な平野を横切っていた。その平野は、ほんの一部だけが耕作されていたが、かつて、人口がもっと多かった時代には、隅々まで作物が行き渡っていたこともあったのだろうということが見て取れた。

難易度 ★★／（正解率31%）

Meanwhile Ventvögel was lifting his snub nose, and sniffing the hot air for all the (　　) like an old Impala ram who scents danger.

Henry Rider Haggard (1885): *King Solomon's Mines*

空欄に入るのは?

1 world

2 space

3 fact

4 time

単語・語句

☐ snub 「上向きの」

☐ sniff 「クンクンと嗅ぐ」

☐ Impala ram 「インパラ、羚羊」

☐ scent 「嗅ぎ分ける」

ヒント

これは意外な熟語かも。

この言い回しを知らないと、for all the time「ずっと」と考えて　4　のtimeを選んでしまうことがありそうです。Twitter上のクイズでも約4割の人がtimeを選びました。

ハガードの代表作『ソロモン王の洞窟』より。弟を捜すサー・ヘンリーの依頼でソロモン王の洞窟を探す旅に出たアラン・クオーターメインの一行は道中の砂漠で渇きに苦しみます。ここはコイコイ人の従者であるヴェントフォーゲルがスプリングボックの足跡を見つけ、近くに水があるはずだ、と水を嗅ぎ分けようとしているシーンです。

英文の構造はシンプルで、Ventvögelを主語とし、過去進行形のwas…ingの…ingの部分が2つあって、それがandで並列されている形です。空欄の直後に続く、like an old Impala ramというフレーズから、for all the world like…「まるで…のように」という言い回しを想起できたかがポイントになりますが、そもそもこの言い回し自体が見落とされていることが多いものです。なお、like以外にもas if節を続けて、以下のような言い方をすることも可能です。

例　He looked for all the world as if he had done something wrong.
「彼はまるで何か悪いことをしてしまったかのような様子だった」

なぜこんなところでworldを使うのか、と不思議に思うかもしれませんが、in the worldを疑問詞の強調で使うことはよく

160

知られていますし、for all the world自体も否定文で使うと「断じて」と否定の意味を強調するものになります。同様のタイプの強調として、on earthやthe hellなどを用いるパターンもありますね。後者はやや汚い言い回しですが映画などでは頻出です。

例 What in the world is going on?
「一体、何が起こっているんだ」
I wouldn't accept it for all the world.
「私は断じてそれを受け入れない」
Why on earth are you here?
「一体、どうしてここにいるの」
Who the hell are you?
「一体、お前は誰だ」

今回のケースもこれに類する強調表現と考えておいてよいでしょう。

正解 1 world

訳例
一方、ヴェントフォーゲルは上向いた鼻を持ち上げて、まるで危険を嗅ぎ分けるインパラのように暖かい空気をクンクンと嗅いでいた。

この問題にも挑戦 第52問 P.215

8 実は異なる倒置のパターン？(1)

　いわゆる so…that 〜構文には、so…の部分が前に出て、主語と動詞の部分で倒置が生じるパターンが存在します（第35問参照）。たとえば、以下のようなものです。

　Her diction was so clear that every word she spoke was easy to understand.
　→ So clear was her diction that every word she spoke was easy to understand.
「彼女は非常にはっきりと話したので、全ての単語が容易に理解できた」

　この倒置文では主節の語順が So clear (C) was (V) her diction (S) となっているので、一見すると主語と補語の語順が入れ替わる CVS の倒置に見えます。しかし、ここで起きているのは実は別のプロセスであり、so…の部分が前置されたことにより SV の部分が疑問文と同じ形になっている、と考えた方が合理的です。そう考えると、以下のように副詞句が前置された場合の形もまとめて説明することができます。

The fire spread so quickly that the entire building was engulfed in flames within minutes.
→ So quickly did the fire spread that the entire building was engulfed in flames within minutes.
「火は瞬く間に広がり、建物全体が数分で炎につつまれた」

　言語学者が書いた英語圏の文法書では、so…that 〜 に見られるこのような倒置は「主語と助動詞の倒置」（Subject Auxiliary Inversion）として、CVS などとは区別されています。

難易度 ★★★／（書き下ろし問題）

(　　　　) as we might wish to believe otherwise, universal love and the welfare of the species as a whole are concepts that simply do not make evolutionary sense.

Richard Dawkins (1976): *The Selfish Gene*

空欄に入るのは？

1 Just

2 So

3 Much

4 Simply

単語・語句

☐ universal love 「普遍的な愛、人類愛」

☐ welfare 「幸福、福祉、安寧」

☐ simply do not… 「全く…しない」

☐ make sense 「理にかなう、合理的である」

ヒント

1 otherwise の使い方に注意。

2 前半と後半はどういう関係になっている？

as 節の中の otherwise の用法がわからないと、前半と
後半の関係がつかめずに苦労することもあるでしょう。

　現代を代表する進化生物学者リチャード・ドーキンスの主著
『利己的な遺伝子』からの抜粋です。ドーキンスは本書の中
で自然選択の単位は遺伝子であり、生物はそれに利用される
乗り物に過ぎないという趣旨の発言をして、世の中に衝撃を与
えました。今回、抜粋した箇所も、私たちの信じたいことと生
物としての現実の矛盾を指摘した1文になっています。
　この問題を解くにあたっては、まず otherwise の用法を正しく
つかむことが重要になります。otherwise の意味としては「さも
なければ」と「それ以外の点では」が有名かと思いますが、実
はもう1つ、今回の例のように主に that 節を目的語に取る動詞
の後ろに置いて、「そうではないと」を意味する用法があります。

例　She said otherwise.
　　「彼女はそうではないと言っていた」

　今回の場合、believe の直後に otherwise があることから、ま
さに上の用法で believe otherwise は「そうではないと信じる／
考える」という意味になっていると判断することができます。一
般的に「そうではない」の「そう」が受けるのは直前の内容で
すが、Although he is still young, Taro knows a lot about the
matter. のような文で従属節の he が後ろにある主節の Taro を
受けることができるのと同様、今回の英文ではこの「そう」は、

後ろにあるuniversal love…senseという主節の内容を受けています。とすると、この英文のas節と主節の意味内容はそれぞれ、以下のようになります。

as節
　→私たちはそう（主節の内容）ではないと信じたい
主節
　→人類愛や人類全体としての安寧というのは進化的には理にかなっていない概念である

　主節が進化論的に見た現実を指摘し、as節の内容がそれとは矛盾する私たちの願望を述べているため、逆接的な接続詞を用いて結びつければこの文が最もしっくりくる内容になることがわかります。これを前提に選択肢に目を向けると、逆接の意味で用いることができるのは、much as…のみなので、正解は 3 となります。

　asを逆接の意味で用いるパターンとしては、(as) C as SVという形がよく知られていますが、節の構造がSVC以外の文型の場合も(as) much as SV…という形で逆接を表すことができます（第30問も参照）。なお、この場合、今回の問題文や例2のように願望を表す表現とともに用いるケースが頻繁に見られます。

例1　Rich as he was, he was unhappy.
　　　「彼は豊かだったが、幸せではなかった」

As much as I would like to help you, I had a lot of things to do this week.

「手伝いたいのはやまやまだが、今週はやることが多くて」

正 解	3	Much

訳 例

そんなことはないと信じたいかもしれないが、人類愛や人類全体の安寧といったものは進化の観点から見ると理にかなっていない概念なのだ。

難易度 ★★／（書き下ろし問題）

In the writings of no philosopher, probably, are to be detected
<u>so few contradictions</u>—so few instances of even momentary
deviation from the principles he himself has laid down.

Edward George Earle Lytton Bulwer (1833):
"Remarks on Bentham's Philosophy"

下線部の本文での役割は？

1 主語

2 補語

3 動詞の目的語

4 前置詞の目的語

単語・語句

☐ detect 「見つける、探知する」

☐ deviation 「逸脱、脱線」

☐ lay down 「定める、制定する」

ヒント

第10問で扱った、受動態の文で前置詞句が文頭に出た場合の
倒置を思い出そう。

受動態の文でさらに倒置が起きていることに気づかないと
構造把握で悩む可能性も。また、形だけでなく文意にも
注意が必要です。

　功利主義哲学の提唱者として名高いジェレミ・ベンサムの弟
子で政治家でもあった、エドワード・ブルワー＝リットンのエッ
セイ "Remarks on Bentham's Philosophy" より。今回引用した
箇所は本書に付録として掲載されたベンサム論からの抜粋で、
ベンサムが、自身が提示した「最大多数の最大幸福」という
原理を徹底して突き詰めていったことが述べられている箇所で
す。

　前置詞句から始まる文は、通常ならば、前置詞句が終わっ
たところで文の主語と述語が登場すると期待するところです
が、この文では no philosopher という否定語が前置詞句に含
まれるため、「be動詞＋主語」や「do＋主語＋一般動詞」な
どの疑問文と同じ形がくるのではないかと想定してかかった人
も多いのではないでしょうか。

　こういう想定をしていた場合、philosopher の後に probably
を挟んで are という動詞が続くのは特に驚かないでしょうが、こ
の文ではその後に主語名詞句が来ずに、to be detected と、
先に動詞句が完成する形になっているため少し面食らうかもし
れません。

　ここで、最初の考えを少し改め、この文は否定語句が文頭
に置かれることによって生じる倒置文ではなく、受動態の文で
前置詞句が主語と位置を入れ替える倒置文のパターンではな

いか、と気づいたかどうかがポイント。

第10問の英文で見た、S is set against… → against…is set Sとなるパターンの文です。したがって、この文の主語は、are to be detectedの後ろにあるso few contradictionsということになり、正解は 1 の「主語」だと判断できます。

全体の文意の解釈もしておきましょう。be to不定詞は受動態の動詞句とともに使用すると、可能の意味となるのが一般的なので、are to be detectedの直訳は「…が見つけられる」ですが、ここではwritings「書き物、著作」の内容について言っているので、「著作の中に…が見つけられる」→「著作の中に…がある」と考えてよいでしょう。

さらに、この文ではso few…「それほど少ない…」という語句が前に付いている名詞句が主語になっています。日本語では「それほど少ない…がある」という言い方はやや不自然で、そういう場合、「…がそれほど少ない／…がそれほどない」のような言い方をする方が自然でしょう。

合わせると、この文のso few contradictionsまでは「いかなる哲学者の著作にも、矛盾点がそれほどまでに少ないものはない」という意味になります。ここで「それほどまでに」の具体的内容が問題になりますが、この文はベンサムについての説明であるので、英文の最後に、as in the writings of Benthamと補って考え、「ベンサムの著作ほど」という意味になると判断しましょう。最後のダッシュ（―）以下の部分は、so few contradictionsをもう少し詳しく言い換えた形と解釈して問題ありません。

訳 例

いかなる哲学者の著作であれ、ベンサムの著作ほど矛盾点が少ないもの、自身が定めた原理から一時的にですら逸脱する例が少ないものはない。

　この問題にも挑戦　第 10 問 (P.47)　第 43 問 (P.179)

難易度 ★★／（正解率45%）

She rose, and I was again conscious of that quick, questioning glance with which she had just surveyed us. "<u>What impression has my evidence made upon you?</u>" The question might as well have been spoken.

Conan Doyle (1915): *The Valley of Fear*

下線部の問いを発したのは？

1 「私」

2 「彼女」

3 それ以外

4 誰も問いは発していない。

単語・語句

☐ questioning 「尋ねるような、探るような」

☐ evidence 「証言」

ヒント

　下線部の前だけでなく、後ろの文にもしっかりと目を向けよう。

直前の文で「彼女」のquestioning glance「探るような
一瞥」という言葉が出てきているため、②「彼女」を選
んでしまった人もいるかも。Twitter上のクイズでも、4
割近くの人がこの選択肢を選びました。

探偵シャーロック・ホームズの活躍を描いた長編は4作品あ
りますが、これはその1つである『恐怖の谷』が出典になって
います。殺されたジョン・ダグラスの妻に事情の聞き取りを行っ
た直後の描写から。

第1文は2つの節が等位接続詞のandで結ばれた形。後半
の、that quick, questioning glance with which she had just
surveyed us は直訳すれば「つい先ほど、彼女がそれで私たち
を眺めた例の素早い、確認するような視線」となります。ホー
ムズが聞き込みを行っている食堂に夫人が入ってきた際、う
かがうような視線でこちらを見た、という描写があり、この
with which she had just surveyed us の部分はそれを受けた表
現になっています。

第2文の問題の下線部は、「私の証言はあなたがたにどの
ような印象を与えたかしら」という意味です。特にshe saidのよ
うなフレーズはないものの、引用符に囲まれていることもあり、
第2文までを読んだ時点では文脈からこれは彼女からの問い
かけだろうと思ってしまうかもしれません。

しかし、第3文に目を向けると少々、話が変わってきます。
第3文で用いられているmight as well は単に「…したほうがよ

い」というくらいの意味で理解している人も多いですが、実は様々な意味を持つ要注意の表現です。その意味の1つに、「…と言ってもいいくらいだった／…も同然だった／まるで…のようだった」というものがあります。ある状況の程度の甚だしさを表現するために、「…」の部分に極端な内容を持ってきて、そう言ってもいいくらいだった、と強調するレトリックです。たとえば、お互いに対してあまりにもよそよそしく振る舞う兄弟について、以下のような言い方をすることもできます。

例 They might as well have been strangers.
「彼らはまるで赤の他人のようだった」

　今回もこのタイプの might as well です。殺人事件の聞き取りの場面で、「私の証言はどういう印象を与えただろうか」ということを聞き取りの対象になった人がはっきりと口に出すことはまずありません。ここは、「その質問はまるで口に出して問われたかのようだった」と言うことで、夫人の視線からそれを確認したがっていることがありありと読み取れたということを表現しているわけです。したがって、正解は 4 の「誰も問いは発していない」になります。

正 解　　4 誰も問いは発していない。

彼女が立ち上がった際、私は先ほど私たちを眺めた際と同様の素早い、探るような視線を感じた。「私の証言はあなたたちにどのような印象を与えたかしら」まるで、そう問いかけているかのようだった。

難易度 ★★★／（正解率31%）

But <u>extremely unlikely isn't the same thing as impossible,</u> even though it's human nature to conflate the two.

The New York Times, 2019/8/21

下線部の主語は?

1 extremely unlikely

2 the same thing

単語・語句

☐ conflate 「合成する、混ぜる、混同する」

ヒント

比較されているものを見極めよう。

「形容詞＋be動詞＋名詞句」という形となっているので、CVSの倒置だ！と早とちりして 2 を選んでしまう人もいるかも。

　壊滅的な噴火をする恐れのある超巨大火山を扱った2019年のニューヨークタイムズの記事からの抜粋です。そういった火山は人類の生存すら脅かす脅威ではあるものの、実際に噴火が起こる可能性は極めて低いということを指摘しています。

　extremely unlikelyという形容詞句の後に、isというbe動詞が続くため、SVCのSとCが入れ替わったCVSの語順ではないか、と思うかもしれません。仮にそう考えたとしても、isの後の名詞句を見て考え直せるかがポイントです。後ろの名詞句は、the same thing as impossible「不可能と同じこと」となっています。一般的に名詞句が置かれるthe same thing as …の「…」の部分に形容詞のimpossibleがあることから、このimpossibleは文法的に形容詞として用いられている語というわけではなく、むしろ、「impossibleという属性、概念」を指していると考えられます。つまり、the same thing as impossibleは「不可能という属性と同じもの」と言っているわけです。

　とすると、それと「同じもの」も、やはり何らかの属性を表しているのではないかということが理解できます。この観点で文頭のextremely unlikelyに目を向ければ、これも形容詞句として用いられているというよりは、その形容詞句が表す属性、つまり、「まずありそうもないという属性」を指しているということ

が見えてくるのではないでしょうか。

　形容詞や形容詞句を用いて、その形容詞が表現する属性や概念を表すというのは実はそこまで稀な現象ではなく、たとえば、イギリスの経済学者E・F・シューマッハーの有名な著作にも、*Small is Beautiful*というタイトルのものがあります。このような場合、形容詞句は名詞句相当語句となり、通常は名詞句しか置くことのできない場所にも置けるようになります。よって、今回の英文の主語は通常の語順通り、extremely unlikelyということになり、正解は 1 となります。

正 解　　1 extremely unlikely

訳 例

　しかし、「まずありそうもない」というのは「ありえない」と同じではない。その２つを混同してしまうのが人間の性ではあるが。

9 　実は異なる倒置のパターン？（2）

　so…that 〜の倒置の説明の際に鋭い読者の方は気づいたかもしれ
ませんが、もう1つ、疑問文と同じ「主語と助動詞の倒置」（Subject
Auxiliary Inversion）が起こる重要なケースがあります。否定語句が
前置された場合に起こる倒置です（第4問参照）。これもやはり、様々
な例を確認すると、主語と助動詞（あるいはそれに類するbe動詞や
have動詞）が倒置して、疑問文と同じ形になるものであることがわかる
と思います。

In no respect is cheating on an exam acceptable in our
academic institution.
「当教育施設ではいかなる点においても試験におけるカンニングは容
　認できない」

Never before have we witnessed such a massive turnout
for a political rally.
「政治集会にこれほど大規模の参加があったことはかつてなかった」

難易度 ★★★／（正解率53%）

The misery of another gives us a more lively idea of our
happiness, and <u>his happiness</u> of our misery.

David Hume (1739): *A Treatise of Human Nature*

下線部の文中における役割は？

1 主語

2 補語

3 動詞の目的語

4 前置詞の目的語

単語・語句

☐ lively 「活発な、生き生きした、強い」

☐ give…an idea of ～ 「…に～を認識させる、感じさせる」

ヒント

1 his happiness of our miseryを1つのカタマリで解釈できる？

2 andの前と後ろの意味的な関係にも注目しよう。

　あまり考えずにhis happiness of our miseryを「私たち
の不幸に関する彼の幸福」などと強引に解釈してしまうと
混乱します。

　イギリス経験論の代表的な思想家であるデイヴィッド・ヒュー
ムの主著『人間本性論』第2篇第2部からの抜粋。私たちの
自らの状況に対する満足感や不満は、他者との比較の結果と
して生じやすいということを述べています。

　まずは前半から見ていきましょう。The misery of another (S)
gives (V) us (IO) a more lively idea of our happiness (DO)と
いう動詞giveを用いた典型的な二重目的語構文で、「他者の
みじめな姿は、私たちに自分たちの幸福をよりはっきりと感じさ
せる」という意味になります。

　続いて、andの後ろの後半に目を向けましょう。ここで、最
初は、his happiness of our miseryを1つの名詞句として考え
そうになっても、「私たちの不幸に関する彼の幸福」というのは
よく意味が通らないですし、それが、andの前にある名詞句の
a more lively idea of our happinessとどうして並列されるのか
も見えてきません。別の解釈ができないか検討してみることが
重要です。

　改めて、andの前の部分と後の部分とを並べてよく見てみ
ると、後の部分のhis happinessは前の部分の主語のThe
misery of anotherの対義語に、また、of our miseryはof our
happinessの対義語になっていることに気づくのではないでしょ
うか。それぞれの対比関係を図で示してみましょう。

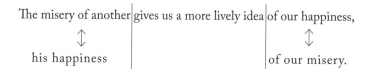

The misery of another | gives us a more lively idea | of our happiness,
↕ | | ↕
his happiness | | of our misery.

　それぞれが逆になっているわけですから、his happinessとof our miseryの間にもThe misery of anotherとof our happinessの間にある関係が成立していると考えるのが自然です。ここまでわかれば、後半部分は、his happiness <u>gives us a more lively idea</u> of our miseryのgives us a more lively ideaの部分が、前半部分との共通要素であるために省略された形だということが理解できるはず。したがって、his happinessはgivesの主語であり、正解は 1 となります。

正 解 1 主語

訳 例

　他者のみじめな姿は私たちに自分たちが幸福であることをよりはっきりと認識させ、一方、他者の幸福は自分たちのみじめさをよりはっきりと認識させる。

10 英語に触れる時間を増やす

　日本にいながら英語力を高めたいと思っている場合、自然に英語に触れる時間をいかに増やすかが鍵です。受験対策などで英語の勉強を頑張ってそれなりに上達したつもりだったのに、その後に力がすっかり落ちてしまったという話を聞くことがあります。おそらく普通に生活しているだけでは日本語でほぼ全てのことができるため、英語との関わりが全くなくなってしまうことが原因でしょう。こういった状況を避けるためには無理なく英語に触れられる機会を増やしていく工夫が求められます。

　SNSのTwitterでの投稿が基になった本書にふさわしく、Twitterを活用した英語学習の方法を1つ紹介したいと思います。英語系メディアのアカウントを複数フォローし、流れてきたツイートにできる限り目を通すようにしましょう。

　もちろん、世界的に知名度のあるCNNやBBCなどのアカウントでもよいですが、少しハードルが高いと感じるなら、国内のニュースを多く扱っているThe Japan Times（@japantimes）、The Japan News（@The_Japan_News）、NHK WORLD News（@NHKWORLD_News）などの日本の英語ニュースメディアから入ってもよいと思います。ツイートの英文を読むだけでも全然違いますし、興味がある内容であればリンク先の記事本文に目を通すきっかけにもなります。さらに時々埋め込まれている動画を視聴すればリスニングの練習をすることも可能でしょう。

　もちろんこれだけで何かが劇的に変わることはありませんが、試験対策などで学んだ単語や言い回しを短期間で一気に忘れてしまうのを回避する効果はあると思います。

難易度 ★★★／（正解率33%）

There was not a soul in sight. It was with such a distinct sense of disappointment that I perceived this was so, that I was in two minds what to do.

Richard Marsh (1897): *The Beetle: A Mystery*

2文目の分裂文（強調構文）*の that はどれ？

1 1つ目の that

2 2つ目の that

3 そもそも分裂文（強調構文）ではない。

単語・語句

☐ soul 「人」

☐ distinct 「明らかな、はっきりとした」

☐ in two minds wh節／wh句 「…に関して心がぐらついて、決心がつかないで」

ヒント

1 そもそも分裂文かどうかの判断基準は？

2 that節のパターンをよく考え、整合性のある解釈を見出そう。

---

*分裂文（強調構文）とは文の中の名詞要素や副詞要素などを前に出し、it be と that の間に置くことで、そこに焦点を当てる構文。日本語には完全に同じ構造が存在しないため、大学受験指導などではしっかりと教えられることが多い。

1つ目のthatをsuchと関連づけてsuch…thatの構文ではないかと考えてしまったり、a distinct sense of disappointmentの説明ではないかと考えてしまうと間違えやすいです。

　第8問でも取り上げたイギリスの作家リチャード・マーシュの英文です。今回引用した『黄金虫』は19世紀のロンドンを舞台とした怪奇小説で、同時期に出たブラム・ストーカーの『吸血鬼ドラキュラ』よりも当時は人気があったと言われています。

　引用した箇所の文脈を簡単に説明しておきましょう。化け物が住まうという家に、男性2人と語り手のマージョリーの3人が入ろうとしますが、男性のうちの1人が催眠にかかったように逃げ出してしまいます。もう1人の男性は躊躇いながらも誰か人をよこすから、とマージョリーを置いて、逃げた男性を追いかけます。強がって室内を散策するマージョリーでしたが、その不気味さにたまらなくなり、誰か人が来ていないかと玄関に出たところの描写です。

　第1文のThere was not a soul in sight.で、部屋の不気味さに誰か人が来ていないかと期待しながら玄関に出たものの、「見渡す限り誰もいなかった」ことがわかります。続く第2文ですが、まず、It was with such a distinct sense of disappointment という形から始まるため、分裂文（強調構文）である可能性がかなり高いと想定して読み進めてよいでしょう。「it be ＋前置詞句＋ that…」という形は絶対ではないものの、かなりの高確率で分裂文であると考えてよいものです。

続く1つ目のthatの解釈ですが、可能性としては分裂文のthat、such…that～のthat、disappointmentを同格的に説明するthatの3つが思い浮かぶかもしれません。しかし、such…that～の場合、that節内の内容とsuch…の部分に因果関係が成立するとは思えず、また、disappointmentの同格節だとI perceivedのところが冗長に感じられます。

一方、分裂文のthatだと考えると、「このことを認識したのは非常にはっきりとした失望感とともにであった」となって意味が通るため、これが分裂文のthatだとわかります。後ろの2つ目のthatは何なのかという問題が残りますが、節内の内容はI was in two minds what to do「どうしていいか迷った」と途方に暮れていることを表現しているので、強い失望感との因果関係を見出し、この2つ目のthatがsuchと連動して、such…that～の構文を作っていると判断できれば解決です。このsuch…that～の構文は「非常に…なので～」と因果関係を表すもので、第2文を直訳すると「あまりにもはっきりとした失望感とともに私はそうだということを認識したので、どうしていいかわからなくなってしまった」といった感じになります。訳例の方はもう少しこなれた感じにしました。

なお、先で「it be＋前置詞句＋that …」という形は高確率で分裂文だと説明しましたが、そうではない例についても、念のため、確認しておきましょう。

例 It is in his interests that the document is published as soon as possible.
「その文書が可能な限り早く公表されることが彼の利益になる」

この例では、Itが形式主語、that節が真の主語となる形式主語構文が用いられています。このようなパターンは、in one's interests「…の利益になる」といった形容詞的な性質を持つ特定の前置詞句の場合に限られています。

正 解　　1 1つ目のthat

訳 例

　見渡す限り、誰もいなかった。そうだとわかって私はがっくりと肩を落とし、どうしていいか迷ってしまった。

難易度 ★★／（正解率42%）

Behind wanting to own the painting* and hang it where we could regularly study it might be the hope that through continued exposure to it, its qualities would come to assume a greater hold on us.

Alain de Botton (2006): *The Architecture of Happiness*

＊the painting:イギリスの画家ウィリアム・ニコルソンの作品、*The Lustre Bowl with Green Peas*のことを指す。

この文の主語(S)はどれ?

1 2つ目のit

2 the hope…

3 its qualities

4 いずれでもない

単語・語句

☐ study 「じっくりと見る」

☐ exposure 「さらされること、触れること」

☐ assume 「(性質、様相などを) 帯びる」

☐ hold 「影響力、支配力」

ヒント

1 Behind…前置詞句が文頭にある時は何に注意すべき?

2 study it might…のitはここでは何を指す?

あまり深く考えずに読むと、it might be the hope の部分を it (S) might be (V) the hope (C) と見なして、it を主語だと見なしてしまうケースも。

イギリスの哲学者アラン・ド・ボトンの哲学エッセイ、*The Architecture of Happiness* からの抜粋。人は、自分が暮らす家や部屋に飾るものなどには、自身の本質を引き出してくれたり、忘れていた世の中の美しさなどを思い出させてくれたりする効果を期待しているという趣旨のことを述べている箇所です。

Behind wanting to own the painting and hang it…は「その絵を所有してかけておきたいと望むことの背後には」と解釈します。hang it の後に続く where 節は副詞節で「…する場所に」の意味。この where 節の内部で、we could regularly study の study を「勉強する」と解釈して、it と切り離してしまってはダメ。ここは hang it という前の流れから、study it で「その絵をじっくりと見る」ということを表現しているのを把握しましょう。つまり、hang it…study it は「定期的にじっくりと見ることのできるような場所にその絵をかけておく」ということです。

そうすると、後に続くのは、might be the hope…という形になりますが、存在や出現を表す自動詞が用いられている文で前置詞句が文頭に出た場合は、「前置詞句＋V＋S」の語順になることがあるという知識を使って、(Behind…) might be (V) the hope… (S) という構造をつかむのがポイントです。このタイプの倒置構文の例を確認しておきましょう。

例 Behind her remark lies the idea that science and philosophy are incompatible.

「彼女の発言の背景には、科学と哲学は相容れないという考えがある」

From the corner of the room comes a small voice.

「部屋の片隅から小さい声が聞こえてくる」

　当然、正解は、 2 となります。なお、hope の後の that 節は hope の内容を説明する同格節で、assume a greater hold は「より強い影響力を持つ」というくらいの意味で使用されています。

正 解 　2 the hope…

訳 例

その絵を所有して定期的にじっくりと見ることのできる場所にかけておきたいと思うことの背後には、それに触れ続けることで、その絵の持つ性質が私たちに対し、より強い影響力を及ぼすようになってほしいという期待があるのかもしれない。

この問題にも挑戦　第 **04** 問 (P.23)　第 **27** 問 (P.115)

11 実は曖昧な例もある？ 形式主語構文と分裂文

　形式主語構文と分裂文（第44問参照）は基本的に明確に区別できるものとして学校文法では習います。次の例で確認してみましょう。

形式主語構文　It is necessary that you should hand in this report by tomorrow.

分裂文　It is this report that you should hand in by tomorrow.

　形式主語構文である上の例は、<u>That you should hand in this report by tomorrow</u> is necessary.という文の主語（下線部）を文末に移動させて、代わりにその位置に形式上の主語であるItを配置したものです。一方、分裂文である下の例は、You should hand in <u>this report</u> by tomorrow.という文の目的語（下線部）であるthis reportを前に出して、It isとthatで挟むことで、そこにフォーカスしている文です。これを見ると、これら2つのタイプの文は表面上似ているものの、全く成り立ちが違うことが分かります。しかし、2022年に出版された*Discourse Syntax*という本によると、どちらの可能性もありえるものとして、次のような例が紹介されています。

　It's only on rare occasions that I bike to work.

　　　　　　　　　　　　　—Dorgeloh and Wanner (2022: 144)

　学校文法の視点で見ればonly on rare occasionsは副詞的な前置詞句なので、分裂文と判断するのが妥当でしょう。しかし、上の本によると、only on rare occasionsはbe動詞の補語となることもあり、That I bike to work is only on rare occasions.という言い方も可能であるため、形式主語構文の可能性もあるとされています。非常に興味深い例です。

難易度 ★★★★ ／（正解率36%）

On any other subject[*] no one's opinions deserve the name of
knowledge, except so far as he has either had forced upon him
by others, or gone through of himself, <u>the same mental process</u>
which would have been required of him in carrying on an active
controversy with opponents.

John Stuart Mill (1859): *On Liberty*

＊any other subject：数学や物理学以外の分野のこと。

下線部は（　　　）である。

1　had と through の共通の目的語

2　forced と through の共通の目的語

3　upon と through の共通の目的語

4　いずれでもない

単語・語句

☐ except so far as…　「…でない限りは」

☐ go through…　「…を経験する」

☐ of himself　「彼自身で」

☐ require A of B　「B に A を求める」

☐ carry on…　「…を続ける、続けていく」

ヒント

1　has either had forced に違和感はないか？

2　upon him by others に違和感はないか？

深く考えずに、forcedを「強制した」という能動的な意味だと捉え、2 を選んでしまいやすいです。実際にTwitterで出題した時も、2 を選んだ人が4割近くいました。

19世紀のイギリスの哲学者、ジョン・スチュアート・ミルの代表作『自由論』からの抜粋です。この作品の第2章でミルは思想と言論の自由の重要性を強調していますが、その理由の1つに、主流となっている考え方が正しくとも、常に異なる考え方とぶつかりあったり、批判に反論したりし続けていなければ、本当の意味が見失われていってしまうことを挙げています。今回引用した箇所では、数学や物理といった分野以外の領域で、何かを「知識」と呼ぶために必要な条件を述べています。

主節はシンプルなSVOで問題ないと思われますので、except so far asの後ろから見ていきましょう。he has either had forced upon him by othersの箇所については注意が必要です。理想的には、has … had forcedと続いた時点で、このforcedは何だろうと思いたいところ。「have＋動詞の過去分詞形（現在完了形）」や、「had＋動詞の過去分詞形（過去完了形）」はありますが、「have＋had＋動詞の過去分詞形」といった形は通常では成立しません。

仮にこのhas had…の部分を何となく読み飛ばして、「彼が強制した」と読んでしまったとしても、upon him by othersのところで違和感を覚えるはずです。もし、ここが「彼が強制した」

という意味なのだとしたら、upon him は「彼自身に対して」ということなので、him は himself にならないとおかしいはずです。また、by others「他人によって」というのも「彼が彼自身に他人によって強制する」だと強制する主体が2つあるみたいで、よくイメージがつかめません。

　ここから、改めて has had forced の部分を確認し、この部分の動詞は has had で forced は補語なのではないか、つまり、has had 目的語 (O) forced「Oを強制された」のOが後ろに移動した形なのではないか、と考えることができたかがポイントです。

　こう考えると forced は「強制された」という受け身の意味であり、by others「他人によって」というフレーズとも意味がスムーズにつながりますし、upon him の him が himself になっていないことも理解できます。まとめると、ここの構造は has had 目的語 (O) forced…と has gone through 目的語 (O) の共通の目的語である the same mental process…を後ろに移動させ、まとめて1回で表現している形ということになります。

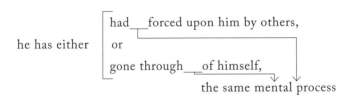

　したがって、正解は 1 となります。

訳 例

　それ以外の分野については、論敵と活発な議論を継続的に行っていた
とすれば経験せざるを得なかったであろうものと同じ精神過程を他者から
強制されるか、あるいは自ら進んで経験したのでない限りは、誰の考え
であろうと知識の名には値しない。

難易度 ★★★ ／（正解率25%）

"(…) I must ask you," he continued, "to call me Morris no longer; call me, if you please, <u>Hammersmith</u>; my real name, as well as that of another person to whom I hope to present you before long, you will gratify me by not asking, and not seeking to discover for yourselves. (…) "

R.L. Stevenson (1882): "The Adventure of the Hansom Cabs"

下線部は次のうちどれ？

1 セリフの話者の本名

2 セリフの話者がこれから紹介したい人の本名

3 上の2人の本名

4 いずれでもない

単語・語句

☐ if you please 「よろしければ、よければ」

☐ gratify 「喜ばせる、嬉しくさせる」

ヒント

1 下線部の直後のセミコロン (;) はどういう役割？

2 しっかりと最後まで読んで解釈しよう。

Hammersmith の直後に my real name と that of an-
other person という名前を指す名詞句が続くため、 1
～ 3 のどれかだと決めつけた人もいるのでは?

　引用した英文はイギリスの作家、ロバート・ルイス・スティーヴ
ンソンの出世作『自殺クラブ』の「二輪馬車の冒険」の一節で、
賭博場でそれまで自分のことを「モリス」と名乗っていたホスト
の男が、主人公ともう1人の老兵に実は自分の名は「モリス」
ではないと説明している場面です。

　1つ目のセミコロン(;)までは問題ないでしょう。途中で引用
符が切れて、he continued「彼はそう続けた」という箇所が挿
入されていますが、ここを括弧に入れて考えると、“I must ask
you to call me Morris no longer.” というシンプルな「ask＋人
＋to不定詞」の構文です。セミコロン(;)の後からは別の節
が始まっており、call という動詞が先頭にあることから、命令
文になっていることを把握しましょう。「よければハンマースミ
スと呼んでくれ」ということですね。この「ハンマースミス」に
続く2つ目のセミコロン(;)の後の構造が今回の問題のポイント
です。Hammersmith; my real name と続くことから、my real
name を Hammersmith の言い換えや説明であると考えてしま
いがちですが、一瞬、そう考えたとしても、それで全て説明が
できるか、文を最後まで読んでみることが重要です。

　直後に as well as that of another person… とあり、my real
name と that of another person… が等位接続詞に近い

as well asで並列されているので、もし、my real nameが Hammersmithの言い換えであるなら、that (= the name) of another personもそうだという解釈になります。しかし、「ハンマースミス」が「私の本名」というのはよいとしても、さらに「できればすぐに紹介したい別の人の本名」でもある、というのは、どういうことなのか、少し腑に落ちない感じがしないでしょうか。

　この違和感を大切にしつつ、さらに後ろに目を向けると、コンマ(,)を挟んで、you will gratify…という別の新しい節らしきものが始まります。この箇所と前のmy real nameやthat of another personといった名詞句とのつながりに対する意識を持っていると、最後まで読み進めた際に、askingとseeking to discoverという他動詞から成る動名詞句に本来あるべき目的語がないことにも気づきやすいはずです。種明かしをすると、実は2つ目のセミコロン(;)は2つの異なる節を接続詞のようにつなぐ働きをしていて、後ろはyouを主語(S)、gratifyを動詞(V)とする別の節になっているのです。その節内の名詞句である my real name, as well as that of another personが前置されて節の先頭に出ることで、このような形が生まれたというわけです。

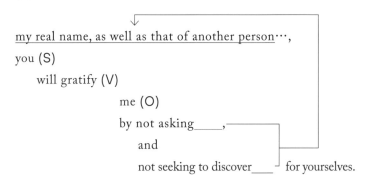

my real name, as well as that of another person…,
you (S)
　　 will gratify (V)
　　　　　　　　 me (O)
　　　　　　　　 by not asking＿＿＿,
　　　　　　　　　 and
　　　　　　　　 not seeking to discover＿＿＿ for yourselves.

この部分は直訳すれば、「私の本名、及び、できればすぐにあなたがたに紹介したいと思っている人物の本名は、尋ねたり、自分で知ろうとしたりしないことで私を喜ばせることになるでしょう」といった意味になりますが、もちろん、ニュアンスとしては「私の本名、及び、できればすぐにあなたがたに紹介したいと思っている人物の本名は、尋ねたり、自分で知ろうとしたりしないでもらえるとありがたい」ということですね。いずれにせよ、この内容から、「ハンマースミス」もあくまで偽名であり、話者は本名を明かそうとしていないことが読み取れるため、正解は $\boxed{4}$ となります。

正　解 $\boxed{4}$ いずれでもない

訳　例

　（…）彼はこう続けた。「ここから先はもう私のことをモリスとはお呼びにならないようにお願いします。よろしければハンマースミスとお呼び下さい。私の本名、及び、できれば間もなくお二人に紹介したいと思っている人物の本名は聞いたり、知ろうとしたりしないで頂けるとありがたい（…）」

難易度 ★★／（正解率43%）

<u>Whatever qualities he himself, probably, had acquired without difficulty or special training</u>, he seems to have supposed that I ought to acquire as easily.

John Stuart Mill (1873): *Autobiography*

下線部は次のうちどれ？

1 名詞節

2 形容詞節

3 副詞節

4 いずれでもない

単語・語句

☐ qualities 「能力、資質」

☐ ought to… 「当然…する」

ヒント

1 これまでのwhatever節のタイプを聞く問題を参考にしよう。

2 as easilyの部分にも注意。

これまでにも出題したwhatever節のタイプを聞く問題と同様ですが、主節の構造がやや複雑なので注意が必要です。Twitterでの出題時も5割の人が「副詞節」を選びました。

　イギリスの哲学者、ジョン・スチュアート・ミルの『ミル自伝』からの抜粋で、父であるジェームズ・ミルのスパルタ教育について説明している箇所です。文中のheはジェームズ・ミルを指します。

　whatever節の節内の構造自体はスムーズに把握できるでしょう。he had acquiredと過去完了になっているのは、父がミルに学ばせようとしているような技能や能力を習得したのはここで語られている時点よりも前のことだからです。

　続いて、主節に目を向けましょう。そもそもwhatever節には名詞節か副詞節の用法しかないため、最初の時点で 2 の選択肢は削れます。それ以外はこれまでの類題と同じで、まずは、whatever節の後に動詞句が続いているか、SVの形が続いているかの基準に照らして考えていきます。he seems to have supposedとSVの形になっているので、もし、このSV…で始まる箇所がそのまま特に何かが欠けるということもなく完成していれば副詞節、一方、何らかの必要な名詞句などが本来あるべき場所になければ名詞節と考えて読み進めます。seems to have supposedの後にsupposedの目的語となるthat節が続いても、まだ安心してはいけません。きっちりと最後まで確認

しましょう。そうすると、that 節内の acquire の目的語がないことがわかります。as easily は「同じだけ容易に」という意味の副詞句で、ここでは as easily as he had「彼と同じだけ容易に」と補って考えます。いずれにしても、これは副詞要素なので、このままでは acquire の目的語を欠いた不完全な文ということになってしまいます。そこで、文頭の whatever 節に再び目を向け、acquire の目的語であったこの節が前に移動した形である、と結論づけることができたかどうかがポイントとなります。

[Whatever … acquired…],

                       he (S)

                         seems to have supposed (V)

                           [that I ought to acquire＿＿ …] (O)

　このように、目的語を文頭に移動させる前置は、主節本体からだけでなく、主節の一部となっている従属節（今回の例では主節の目的語を構成する that 節）の中からも行われるので注意が必要です。

正 解　｜1｜ 名詞節

自身が難なく特別な訓練なしに身につけた能力はどんなものでも、私も同様に容易く身につけて当然だと彼は考えていたようである。

難易度 ★★★／（正解率33%）

What we were convinced of was true turned out to be nothing but an assumption.

オリジナル

文法的に正しくするために取り除くべき語は？

1 of

2 was

3 true

4 turned

単 語 ・ 語 句

☐ assumption 「思い込み、決めつけ」

ヒント

1つ1つ可能性を検討し、無理のある解釈を削っていくことが大切。

最初、What we were convinced ofを1つのカタマリと考える解釈が浮かぶかもしれませんが、そこから修正できるかどうか。この解釈に固執してしまうと正解に辿りつけないことも。

---

be convinced of…「…を確信している、納得している」という言い回しがありますので、読み始めた時点では、What we were convinced ofを1つのカタマリとして捉え、「私たちが確信していたこと」と考えたとしても自然です。問題は、それが後に続く部分と整合性があるかどうかです。この解釈を採用すると、What…ofまでは完成した名詞節ということになるため、その後に文の述語となるべき動詞句が続くのが自然です。確かに、この文では、was trueというVCの形が続いているため、一見するとよさそうですが、trueの後にもさらにturned out …という動詞句が続くため、問題が生じます。

2つの動詞句が接続詞もなく並列される形になっているため、いずれかの動詞が余分なものなのではないかと考えるかもしれませんが、この文の場合、wasを取り除いてもturnedを取り除いても文法的に正しいものにはなりません。前者の場合、trueという形容詞が主語と動詞句の間に突然入ってくることになり矛盾が生じますし、後者の場合、true out という表現や「out＋to不定詞」という表現は通常しないため、out to be以下の説明がつかなくなってしまいます。そこで、動詞ではなくtrueという形容詞を抜く選択肢を考えてみることになりますが、be turned out to be…という表現も存在せず、やはり、うまくいき

ません。

　こういった考察から、問題はwas true turned out to beのところではなく、What we were convinced ofを1つのカタマリとした解釈にあったのではないかと考え直せるかがポイント。後ろにある動詞句turned out to be…をこの文の述語であるはずだと仮定した場合、what節がtrueまで続いていれば、全てスムーズに解決します。そこで、What we were convinced of was trueがひとカタマリの名詞節となるためには何が余分かを考えてみましょう。ここからは関係代名詞節に関する文法知識も影響してきますが、ofを取り除くとその解釈が成立することがわかりますね。関係代名詞節では節内の主語、目的語、前置詞の目的語などが関係代名詞となって節の先頭に出るという特徴がありますが、その際、関係代名詞節の中の従属節の一部となっている名詞が関係代名詞となることもあります（連鎖関係代名詞節。第6問や第12問なども参照）。

例　the book which she wrote ＿＿＿
「彼女が書いた本」
≫　関係代名詞節の述語動詞の目的語

the book which she is interested in＿＿＿
「彼女が興味のある本」
≫　関係代名詞節の前置詞の目的語

the book which many thought (that)＿＿＿would be a best seller
「多くの人がベストセラーになるだろうと考えた本」
≫　関係代名詞節の中のthoughtの目的語である従属節(that節)の主語

今回のWhat we were convinced of was trueについても、be convinced that節「that以下のことを確信する」という表現があることから、ofを取り除くと、以下のように解釈できることがわかります。

What we were convinced (that)＿＿was true
「私たちが真実だと確信していたこと」

≫ 関係代名詞節の中のconvincedの後にくるthat節の主語

　こう解釈すれば、turned out to be nothing but an assumptionという述語部分に何の問題もなく意味的にもスムーズにつながるため、正解は 1 となります。

正解 1 of

訳 例

　私たちが真実だと確信していたことは、思い込みに過ぎなかったとわかった。

難易度 ★★★★／（書き下ろし問題）

Every language has its anomalies, which, though inconvenient, and in themselves once unnecessary, must be tolerated among the imperfections of human things, and which require only to be registred, that they may not be increased, <u>and</u> ascertained, that they may not be confounded: but every language has likewise its improprieties and absurdities, which it is the duty of the lexicographer to correct or proscribe.

Samuel Johnson (1755): "Preface to A Dictionary of the English Language"

下線部の and が主に結んでいるのは？

1 increased と ascertained　2 increased と confounded

3 registred と ascertained　4 registred と confounded

単語・語句

- [ ] anomaly 「例外、変則的なところ」
- [ ] registre 「記録する」（register の古形）
- [ ] ascertain 「調査する、確かめる」
- [ ] impropriety 「誤用、間違い」
- [ ] absurdity 「馬鹿げたもの」
- [ ] lexicographer 「辞書編纂者」
- [ ] proscribe 「禁止する」

ヒント

下線部の周辺にある that 節の役割を見極めよう。

increasedという過去分詞形が出てきた後にand
ascertainedと続くので、シンプルに2つの過去分詞形
が並列されていると考えてしまいがち。英文全体の構造
をしっかりと考えられたかどうか。

　ジョンソン博士として知られる18世紀のイングランドの文学
者サミュエル・ジョンソンの『英語辞典』の序文からの抜粋。
18世紀と言うと非常に古く感じるかもしれませんが、サイモン・
ホロビンの *The English Language* に、ジョンソンの辞典が当時
としては例外に非常に寛容だったということを示すものとして
引用されていた箇所でもあります。

　息の長い1文ですので、まずは大枠を正確に把握すること
がポイントです。Every language (S) has (V) its anomalies (O)
というシンプルなSVOの形で始まり、Oに当たるits anomalies
に追加の説明を加える形で2つの, which節が続いていること
を確認しましょう。また、2つ目のwhich節はコロン(:)の前ま
でで、その後はbutを挟んで別の主節が始まっていることにも
注意が必要です。

Every language (S) has (V) its anomalies (O),

    which(, though…unnecessary,) must be tolerated…
    and
    which require only to be…

: but

every language (S) has (V) (likewise) its improprieties and
absurdities (O)…

今回の問題はこのうち、特に2つ目のwhich節の内部の構造を問う問題ということになります。あらゆる言語に存在する例外や特異な点について説明している節であることを念頭に構造を確認していきます。まずは、require only to be registred, that they may not be increasedの部分ですが、ここで注意すべきは、後半のthat節です。18世紀の古風な英文であること、また、that節の中でmayが用いられていることなどから、これは現代英語で言うところのso that節であり、「…するように、…するために」という目的の意味を表現していることをつかみます（第31問も参照）。そうすると、ひとまずincreasedまでは「（例外は）増えることのないように、記録されることだけは必要である」という意味になっていることがわかります。

　続いて、問題のandとそれに続く部分に目を向けてみましょう。過去分詞の後にandを挟んで再び過去分詞が続いているので、単純にincreased and ascertainedと結びつけたくなるかもしれませんが、そうすると(they may not be) ascertained「例外が確認されないために」となってしまうので意味が通りません。また、ascertainedの後ろに目を向けると、that they may not be confounded「混同されることのないように」、というやはり目的を表すthat節の形が続いており、このthat節が前のthat they may not be increasedと並列的な関係にあることが明らかです。ここから、andが主に結んでいるのは、registredとascertainedであり、それぞれ前者が1つ目の目的のためになされなければならないことを、後者が2つ目の目的のためになされなければならないことを表現していることが読み取れたかがポイントです。

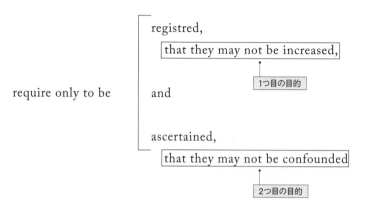

なお、but以下のもう1つの主節でも目的語にwhichが追加説明を加える形になっており、かつ、このwhich節ではwhichがcorrect or proscribeの目的語になっていることに注意しましょう。

正 解 3 registredとascertained

訳 例

全ての言語に例外というものは存在する。それらは不便で、しかも、かつてはそれ自体に必然性はなかったものだが、人間ゆえの不完全さの現れとして容認されなければならない。増えないように記録だけはして、また、混同されないように確認だけはしておく必要がある。しかし、また同様に全ての言語に誤用や馬鹿げた言い回しもある。これらについては正して禁止するのが辞書編纂者の義務だ。

難易度 ★★／（正解率46%）

The scientific community believes in the efficacy of facts, hence those loyal to that community continue to believe they can win public debates by marshaling the right facts, despite much empirical evidence (　　　).

Yuval Noah Harari (2018): *21 Lessons for the 21st Century*

空欄に入るのは?

1 on the contrary

2 to the contrary

3 in contrast

4 いずれでもない

単 語 ・ 語 句

☐ efficacy 「効果、有効性」

☐ hence 「それゆえ」

☐ marshal 「整理する、まとめる」

ヒント

空欄に入る語句は、much empirical evidenceという名詞句を修飾する語句であることに注意しよう。

on the contrary、to the contrary、in contrastは全て
存在する言い回しでそれぞれに使い分けられていますが、
その使い分けを理解していないと、on the contraryや
in contrastのようなより頻繁に目にするフレーズを選んで
しまうかも。

次々にベストセラーを出しているイスラエルの歴史学者、ユ
ヴァル・ノア・ハラリの『21 Lessons　21世紀の人類のための
21の思考』からの抜粋。「理性」や「個人」といった概念がい
かに幻想に過ぎないかを語っている章で、ここでは「集団思考」
の影響力を述べています。

文の中央近くにあるhenceは接続副詞で、意味的には接続
詞に近いものの本来は単独で2つの節を結びつけることはで
きないとされています。しかし、ここでは等位接続詞のように
単体で2つの節をつなげています。前半の節は短く、構造的
にも全く難しくありません。単語の意味さえ確認できれば、「科
学者のコミュニティは事実の効果を信じている」という意味であ
ることがすんなりとわかるでしょう。

後半の節は少し息が長いものの、こちらも特別難しいところ
はありません。loyal to that communityが後置修飾でthoseを
修飾していることさえ見落とさなければ、those…community
(S) continue to believe (V) (that)…(O)という構造を把握する
のは容易です。「そのコミュニティに忠実な人々は正しい事実
を集めることで公開討論に勝つことができると信じ続けている」
という意味ですね。

それでは、despite以下の部分に目を向けましょう。実はこのクイズはほぼ知識問題で、知っている人にはすぐに答えられるものです。ただし、知らなかったとしても先のヒントに「空欄に入る語句は、much empirical evidenceという名詞句を修飾する」ということを書いておいたので、そこから正解を選べた人もいるかもしれません。on the contrary「全く逆に」もin contrast「対照的に」も基本的には独立して副詞的に使用する語句であり、名詞句を後置修飾するということはそうそうありません。一方、to the contraryは専ら名詞句の後置修飾語句として用いられます。その際、主に同格のthat節を従えることのできる名詞を修飾して、「そうではないという、それとは逆の」という意味を表現するのがポイントです。また、to the contraryで修飾された名詞は逆接の意味を持つ前置詞とともに用いられることがよくあります。

例 despite widespread belief to the contrary
「そうではないという考え方が広まっているにもかかわらず」

　したがって、正解は 2 となります。on the contraryに比べると遭遇頻度の低い表現かもしれませんが、時事英文などでも目にするものなので、知らなかった人はこの使い分けを覚えておくとよいでしょう。

正　解　2 to the contrary

科学者のコミュニティは事実の有効性を信じており、それゆえ、そのコミュニティに忠実な人々は、正しい事実をまとめることで公開討論に勝てると依然として信じている。そうではないという多くの経験的な証拠があるにもかかわらずだ。

難易度 ★★／（正解率49%）

In Isesaki, it is another blazing hot day. At 11 AM, the temperature is already somewhere (　　　) of 40 degrees Celsius.

BBC News, 2022/7/1

空欄に入るのは？

1 east

2 west

3 south

4 north

単語・語句

☐ blazing　「焼けつくような」

☐ somewhere　「おおよそ、だいたい」

☐ Celsius　「摂氏」

ヒント

1 somewhere は「場所」の意味ではない。

2 日常的に用いている地図を思い浮かべてみよう。

これはシンプルに知識問題なので見当もつかなかったという人もいるかも。この用法を載せていない辞書も見られます。

　2022年の6月は真夏のような異常な暑さとなったことを記憶している人も多いかと思います。特に40度を超えた地域として群馬県の伊勢崎市が注目され、その暑さは海外でも報じられました。これは、当時のBBCの特派員の言葉からの引用です。

　ここでは正解に直結する知識がない場合にどう考えればよいかを説明してみたいと思います。空欄の直前にsomewhereという語があるため、これを場所の意味で解釈し、それと東西南北のいずれかの方角を結びつけているんだな、と考えると手詰まりになります。たしかに、somewhere south「どこか南の」のような言い方はありますが、ここでは、空欄の後ろに「摂氏40度の」という気温を表す数字が来ているので、somewhereは「おおよそ、だいたい」という意味の副詞で使っているのではないかと判断しましょう。

　そうすると、「東西南北」のいずれを入れるにしても、文字通りに解釈しては気温の説明にはならないため、方角を表す言葉を用いた何らかのイディオムが関わっている可能性に目が行くのではないでしょうか。後は、多少、運試しの要素もありますが、当時、伊勢崎市は40度を超えていたという背景知識も生かし、どの方角を入れれば「より上の」という意味になりやすいかを想像してみましょう。地図では「北」が常に上に設

定されていることに気づけば、正解を選べるかと思います。ついでに、north of 数値 で「数値 以上の／数値 より上の」という言い方があることも覚えておきましょう。

正　解　**4** north

訳 例

伊勢崎市は今日もまた焼けるように暑いです。午前11時の時点で既に気温は摂氏40度を少し上回っています。

この問題にも挑戦　第 **38** 問 (P.159)

12　if節は主語では使えない?

　一般に「…かどうか」に当たる英語表現としては、ifとwhetherを習うと思いますが、「…かどうか」に当たる部分が文の主語となる場合にはifは使えない、というのが原則です。よって、次の下のほうの例は英語では一般的に認められないか、あるいはかなり特殊な言い方だと見なされます。

Whether he will attend the event is not clear.
＊If he will attend the event is not clear.
「彼がそのイベントに参加するかどうかははっきりしていない」

　しかし、主語を文末に移動させ、その代わりに本来の主語の位置にitを置く形式主語構文では必ずしもこのルールは当てはまりません。whether節同様に、if節の場合でもよく用いられます。

It is not clear whether he will attend the event.
It is not clear if he will attend the event.

難易度 ★★★★／（正解率34%）

Our Father, Who art in Heaven, hallowed be Thy name; Thy
Kingdom come; <u>Thy</u> will be done on earth as it is in Heaven.

"The Our Father"

下線部のThyの意味に最も近いのは？

1 you

2 your

3 yours

4 いずれでもない

単語・語句

☐ art　be動詞の古形

☐ hallow　「神聖なものとして崇める」

ヒント

3つの節全てにおいて、ある共通の形が使われている。節の述
語の形に注目しよう。

下線部の後ろにあるwill be doneという箇所を「助動詞
＋動詞の原形」の形だと考えてしまうと、Thyを単体で
主語名詞句になっていると見なして 1 や 3 を選んでし
まうかも。実際、Twitterではいずれかを選んだ人が5
割以上いました。

キリスト教の「主の祈り」の冒頭からの抜粋。キリスト教の中
でも最も代表的な祈禱文であり、ミッション系の学校などでは
日々唱えるものなので、それがヒントになったという人もいるか
もしれません。近代初期英語なので少し注意が必要です。

　まずは、artというbe動詞の古形。これは、近代英語にお
ける2人称単数形thouに対応するbe動詞の形です。厳密に
言うと、WhoはOur Fatherを指していますが、ここでは2人
称的に呼びかけているものなので、artが用いられています。
なお、thouの格変化（主格：thou、所有格：thy、目的格：thee）を
知っている人であれば、今回の問題は機械的に正解できるか
と思いますが、ここではその知識がない場合を想定して考え方
を説明していきます。

　第1文の後半の、hallowed be Thy nameが、Thy name be
hallowedの倒置形だというのはhallowedという過去分詞形か
らも予想がつくと思います。

　第2文は語順的にも特に変わったところはなく、Thy
Kingdom (S) come (V)というシンプルなSVの形になっていま
す。この時点で2点ほど確認しておくべきことがあります。1つ

はthyの特徴で、Thy name、Thy kingdomと名詞につく形で使用されていることから、冠詞的なもの、あるいは代名詞の所有格的なものであることが予想できます。もう1つはそれぞれの文の述語動詞の形です。1文目も2文目もbeとcomeという動詞の原形が用いられていることから、命令法や仮定法などの何らかの種の特別な法が用いられているのではないかという点に気がつくことがポイントです。

これを前提に第3文に進みましょう。will beという見慣れた語句があるため、このwillを最初は助動詞だと考えてしまうかもしれません。しかし、先で確認してきたものに照らすと、その解釈には少し問題が生じます。まず、will be doneが述語なのだとすると、thyが主語、つまり名詞句であるということになりますが、これは第2文までで見たthyの特徴と一致しません。さらに、will be doneそのものについても、第2文までは動詞の原形が用いられているのに、なぜここで突然willという助動詞が加わっているのか、という点に疑問が残ります。どう考えればこの2つの疑問点を解消できるでしょうか。

ここで、willが「意志」を意味する名詞の用法で用いられている可能性に思い至ることができたかどうかがポイントです。willが名詞だとすれば、thyは2文目までと同じく名詞につく形で使用されていることになりますし、また、be doneの部分も第2文までと同様に動詞の原形が用いられていることになって全て辻褄が合います。よって、やはり、Thyは名詞の前に置いて冠詞的、代名詞の所有格的な役割を果たすものだということになり、2 のyourを選ぶことができます。

なお、ここで用いられている原形の形は近代の英語で用い

られた仮定法現在の用法の1種で「願望」を表すものです。現在でも、God bless you.「神のご加護があらんことを」といった定型表現にその名残が見られます。なお、下のカトリックの文語訳ではThy willは「聖旨、みこころ」と訳されています。

正解　2 your

訳例（文語訳）

天にましますわれらの父よ、

願わくは御名の尊まれんことを、

御国の来たらんことを、

聖旨の天に行わるる如く

地にも行われんことを。

訳例（口語訳）

天におられるわたしたちの父よ、

みなが聖とされますように。

みくにが来ますように。

みこころが天に行われるとおり

地にも行われますように。

難易度 ★★★／（正解率53%）

Early one morning the sub-inspector at a police station the other end of the town rang me up on the phone and said that an elephant was ravaging the bazaar. <u>Would I please come and do something about it?</u>

George Orwell (1936): "Shooting an Elephant"

下線部は誰から誰への問いかけ？

1 「私」から「副警部補」

2 「私」から「私自身」

3 「副警部補」から「私」

4 「副警部補」から「副警部補自身」

単 語 ・ 語 句

☐ sub-inspector 「副警部補」

☐ ravage 「荒廃させる、破壊する」

☐ bazaar 「市場」

ヒント

下線部で用いられているpleaseという言葉に注意しよう。

1人称の代名詞「I」が用いられていることから、著者の自分自身への問いかけ、あるいは、読者への確認と考えてしまいがち。

　ジョージ・オーウェルの短編エッセイ「象を撃つ」からの抜粋。ビルマで警官として働いていた語り手（オーウェル自身?）が上官から暴れる象を退治することを命じられ、意に反して象狩りに手を染めるという流れになっていて、短編小説のようにも読める作品です。引用したのは冒頭近くで、副警部補に電話で叩き起こされるシーン。

　第1文は少し長いものの特段難しい箇所はないかと思います。問題の第2文ですが、Would I…となっているところから、一瞬、自分への問いかけかなと思ってしまうかもしれません。しかし、第1文では副警部補から「象が市場を破壊している」と言われただけなので、用件がまだ明確になっているとは言えません。また、第2文で用いられているpleaseですが、これは基本的に語りかけている相手に何かをお願いする際に用いる言葉ですから、自分への語りかけで用いるのは極めて不自然です。

　こういった点を踏まえ、この文は直前の副警部補の言葉の内容の続きであり、語順は直接話法、代名詞や時制は間接話法の形を採用した描出話法（第36問解説を参照）になっていることに気づけたかどうか。よって、正解は 3「「副警部補」から「私」」になります。こう考えれば、副警部補から私に向け

られた要請ということになるので、please が入っていることも違和感なく理解できますね。

| 正 解 | 3 「副警部補」から「私」 |

訳 例

ある早朝のことだ。町の反対側にある警察署の副警部補からの電話で私は起こされ、市場で象が暴れているという報告を受けた。来て何とかしてくれないかということだった。

この問題にも挑戦　第 **36** 問 （P.151）

13 英語の擬音語・擬態語

　「ガンガン」や「ザワザワ」などのように音や状態をそのまま象徴的に表現した語をオノマトペと呼びますが、日本語はこのオノマトペが特に多く見られることで知られています。

　一方、英語のオノマトペと言われてみなさんはすぐに例が浮かぶでしょうか。なかなか多くは思いつかないという人もいるかもしれません。そもそも数が少ないことに加え、硬い文章ではあまり出てこないこと、さらに、たとえばchatter「おしゃべりする（ペチャクチャ）」やclap「手を叩く（パン）」などが実はオノマトペであることに気がついていないということもありそうです。

　このタイプの単語は小説などのフィクションによく見られるので、英語のオノマトペに興味がある方は文学作品を読んでみることをおススメします。The thud of the heavy books hitting the ground made my heart throb with anxiety.「重い本がドサッと地面に落ちる音がして、不安で胸がドキドキした」のような例にも出会えるかもしれません。

難易度 ★★ /（正解率63%）

The term herd immunity describes a situation when enough people in a population are resistant to a disease that it cannot <u>spread</u>.

VOA Learning English, 2021/1/30

下線部のspreadはいずれの用法？

1 自動詞

2 他動詞

単語・語句

☐ term 「用語」

☐ herd immunity 「集団免疫」

ヒント

下線部の前にあるthatの用法を文全体の構造と照らして見極めよう。

that it cannot spreadを直前のa diseaseを修飾する
関係代名詞節だと考えてしまうと誤ります。

　Voice of Americaの英語学習者用サイト、VOA Learning
Englishの記事からの抜粋です。
　短い文であり、全体の構造はすんなりと理解できると思いま
す。The term herd immunity (S) describes (V) a situation (O)
というのが骨格ですね。主語名詞句のtermとherd immunity
は同格で「集団免疫という用語」くらいの意味。また、ここで
のdescribeは「…のことである」とbe動詞に近いニュアンスで
捉えたほうが自然かもしれません。
　問題となっている文末のthat節については、上でも触れた
通り、関係代名詞節と混同しないことがポイントですが、実は
それには文の前半部分で「ある予測」ができているかどうかが
重要になってきます。when節の主語に目を向けると、enough
people「十分な人々」という名詞句が出てきています。enough
「十分な」という言葉から「何にとって十分なのか」と、基準
を探す姿勢が大切で、そうすると、その候補となる箇所は文
末のthat節しかないことがわかります。
　enoughやsufficientlyという言葉の基準を表現するフレーズ
としては、to不定詞句が最も一般的ですが、that節が使われ
ることもあるという点を覚えておきましょう。このenough…that
のつながりが見えていれば、that節が関係詞節である可能性
は最初から浮かんでこず、程度を表す副詞節だとわかるので、
spreadも自動詞であると判断することができます。

訳 例

「集団免疫」という用語が表すのは、ある病気が拡散するのが不可能なほどに人口のうちの多くの人がそれに対して耐性を得た状態だ。

14 discuss about…?

　試験などでよく問われる文法事項の1つにdiscussという動詞の用法があります。この動詞は他動詞で、「…について話し合う」と言いたい場合には、後ろに前置詞を挟まずに直接名詞句を置かなくてはならないのですが、日本語の「について」という言葉に引きずられてdiscuss about…としてしまうケースが初学者によく見られるためです。しかし、言葉は変化するもので、このdiscussの特性も最近ではそこまで絶対的とは言えなくなっています。

　実際、母語話者が書いた（あるいは少なくともチェックした）英文にでさえ、discuss about…という表現が出てくることがあるのです。もちろん、現段階ではまだdiscussは他動詞というのが正しいルールで、discuss about…は間違いとされると考えておいたほうがよいですが、今後はわかりません。

難易度 ★★／（正解率44%）

His statement couldn't be further from the truth.

オリジナル

彼の発言は（　　　）。

1 真実とはかけ離れている

2 真実とは少し違う

3 真実とそれほど違わない

4 真実そのものだ

単語・語句

□ statement 「発言、言葉」

ヒント

further「より離れている」というのは何と比較して言っているのだろうか。

このタイプの構文は、慣れ親しんでしまえばすぐに正解を選ぶことができるようになりますが、初見だとnotとfurtherの部分だけを見て「離れていない」と考え、逆の意味で捉えてしまう人が大変多いものです。Twitterで出題した際も、5割以上の人が選択肢の 3 もしくは 4 を選びました。

この種の言い回しは英語の日常的な慣用表現に多く出てきます。

例 I couldn't agree more.
「大賛成だ」
It couldn't be better.
「最高だ」

これらは全て共通の原理が働くことで、上のような意味を持つようになっています。それを理解するためには、moreやbetterの比較の対象が何なのかを考えることがポイントです。これらの文ではthan…という形でmore「もっと」やbetter「よりよい」といった言葉の比較の対象が明示されていませんが、それは「まさに今の状態、状況、現実」という、極めて推測しやすい内容が比較対象となっているからです。あえてthan以下を補って直訳すると、それぞれ以下のようになります。

例 I couldn't agree more (than I do).

「（私が現状賛成しているのよりも）もっと賛成することはできない」

It couldn't be better (than it is).

「（今の状況よりも）状況がさらによくなることはありえない」

　双方とも「現状以上はありえない」と表現することで暗に「現状が最高値である」ということを示している形になります。今回の英文にも同じ理屈が当てはまります。比較対象を、「現状での彼の発言」と考えて、than 以下を補ってみると以下のような形になります。

His statement couldn't be further from the truth (than it is).

　つまり、「彼の発言は、現状そうである以上にさらに真実から離れることはありえない」と言っていることとなり、「これ以上なく真実から離れている」となって、1 が正解であることがわかります。

　今回の…couldn't be further from the truth「…は真実とはかけ離れている」はほぼ定型化した表現ですが、そういったものに限らず、英語の比較級を用いた構文を読み解く際には、何が比較対象となっているかを常に意識することが重要です。英語では形容詞や副詞の語尾に -er を追加したり、あるいは more を前に置いたりすることで比較を行っているということを明示できるため、文脈から明らかな場合は比較対象を省略することがよくあります。一方、日本語にはそういう機能がなく、「…より」「…ほど」といった形で比較対象を明示することが普通なので、比較対象が省略されている英文は日本語話者にとっ

ては誤読しやすい英文の1つになっています。

| 正 解 | 1 真実とはかけ離れている |

訳 例

彼の発言は真実とはかけ離れている。

難易度 ★★／（書き下ろし問題）

Thou is so often encountered in modern English, in religious settings, children's comics, and historical writing, as well as being widespread in regional dialects, (　　　　) it is a familiar archaism.

David Crystal (2017): *Making Sense*

空欄に入る語は？

単 語・語 句

☐ thou　古い英語での2人称単数形の主格の代名詞。ここでは、thouというこの言葉自体を指していることを示すためにイタリックになっている。

☐ setting　「場面、背景」

☐ as well as …　「…に加えて」という意味だが、ここでは「それに加えて…」と解釈した方がわかりやすい。文法的には少し違うが、意味的にはandに近いものと考えてよいだろう。

☐ regional dialect　「方言」

☐ archaism　「古語、古い言い方」

ヒント

1 文全体の流れを考えよう。

2 空欄の前後の節はどのような関係になっている？

文全体に目を向けず、空欄の周りだけを見ていても正解には辿りつけないと思います。

　選択肢がないため苦戦したという人もいるかもしれませんが、逆にすぐに正解できたという人も多いのではないかと思います。ポイントは実は前半にあります。冒頭で、*Thou* is so often encountered「thouという語にはそれほど頻繁に出会う」と言っていますが、このso「それほど」に着目し、どれほどだろうかと考えることができれば、後ろにそれを説明する語句が出てくるはずだ、という予想とともに読み進めることができます。so…と呼応して程度や結果を表すのに用いられるのはthat節なので、後半にthat節が出てくるのではないかと期待しましょう。

　この前提があれば、空欄の後にit (S) is (V) a familiar archaism (C)というわかりやすい形で別の節が始まっていること、また、その内容「それはありふれた古語である」が、空欄までの内容の結果だと考えるとスムーズに理解できることなどから、空欄にsoと呼応するthatを入れればよい、と判断できます。

Thou (S) is $\boxed{\text{so}}$ ⎡ often encountered (V)
in modern English,

in religious setting, children's comics, and
historical writing,

<u>as well as</u> (≒ and)

being widespread in regional dialects,

$\boxed{\textbf{that}}$ it is a familiar archaism.

| 正 解 | that |

訳 例

thou は現代英語でも、宗教的な場面や子供たちの漫画、歴史文書な
どで非常によく出会うし、方言でも広く使用されているので、おなじみの
古語だ。

15 18〜19世紀の英文を読む意味?

　本書のクイズの英文には18 〜 19世紀の作品が出典になっている
ものがあります。英語の学習が半分、クイズをパズル感覚で楽しむの
が半分の本なので、これらのやや非実用的に見える英文が採用されて
いても、パズルだと思えば特に不自然な点はないのですが、私自身は
英語学習の面で見ても少し古めの英文は有意義だと考えています。

　英語は文法構造などが過去数百年にわたってかなり安定していたこと
もあり、18世紀くらいの文章でも現代の書物の中に注釈なしでそのま
ま引用されることがあります（第50問参照）。また、英語圏で生活をし
ている人は童話、児童書、ゲームなどを通して、子供のころから多少
古い英語にも慣れ親しんでいて、近代英語の基礎は彼らにとってはあ
る程度常識です（第57問参照）。

　少なくとも上級レベルを目指して英語を学習するのであれば、本書で
紹介しているくらいの18 〜 19世紀の文章に目を通しておくことはさほ
ど的外れなこととは言えないと思います。

難易度 ★★／（正解率45%）

Now, such a theory of life excites in many minds, and among them in some of the most estimable in feeling and purpose, inveterate dislike.

John Stuart Mill (1863): *Utilitarianism*

5文型で表すとこの文の文型は何に当たる？

1 SV

2 SVC

3 SVO

4 いずれでもない

単語・語句

☐ mind 「人」

☐ estimable 「尊敬すべき、立派な」

☐ inveterate 「根深い、頑固な」

ヒント

1 動詞 excite にはどのような意味がある？

2 文末の inveterate dislike は前とどのようにつながる？

excitesという他動詞から目的語のinveterate dislike
までの間にかなり長い前置詞句が挿入されているため、
excites (V) … inveterate dislike (O)の関係に気づ
けないケースがあります。Twitter上で出題した際も、
excitesを完全な自動詞と見なして 1 の選択肢を選んだ
人が4割近くいました。

　イギリスの哲学者ジョン・スチュアート・ミルの代表作の1つで
ある『功利主義論』から抜粋したもの。第2章の冒頭近くで、
功利主義の中心となっている「最大多数の最大幸福」の概念、
つまり、幸福を生み出す行為が道徳的に正しく、不幸を生み
出す行為が道徳的に誤りであるという考え方を述べた後に続く
1文です。

　出だしのsuch a theory of life (S) excites (V)の把握は問題
ありませんね。excite は「(人)を興奮させる／(感情など)を引
き起こす」を意味する典型的な他動詞なので、その目的語で
ある名詞句を探して読み進めることになります。in many minds
という前置詞句の後に、andを挟んでamong them が登場し、
さらにin…という前置詞が続いても慌てず、excite が他動詞で
ある以上、必ず目的語が出てくるはずだ、という姿勢で読み
続けることがポイントです。

　また、andについては、in many mindsとin some of the
most estimable…の2つの前置詞句でinという共通の前置詞
が用いられていることから、この2つの前置詞句を並列させて

いると考え、among them はその間で挿入的に使用されていると見なすのがよいでしょう。

　これらの前置詞句が「…の人々の中に」と人を表現している点から、「…の人々に○○のような感情を引き起こす」というような流れになっているのではないか、つまり、この excite は「（感情を）引き起こす」という意味で使用していて、後ろにその引き起こされる感情を表す目的語が出てくるのではないか、というところまで予想できていると楽ですね。

　引き続き我慢強く読んでいくと、feeling and purpose の後ろに、意味的に単純な言い換えや並列とは見なせない inveterate dislike「根強い嫌悪感」という具体的な感情を表す名詞句がコンマ(,)を挟んで出てくるので、先の解釈と合わせてこれが excite の目的語だろうと当たりをつけることができます。もちろん、そこまで複雑に考えずに、, and…purpose, はコンマ(,)で挟まれているから最初から挿入だろうと考えて excite と inveterate dislike の関係に辿りついたという人もいるでしょう。それも1つの正しい読み方です。

　いずれにせよ、結果として、この英文は動詞と目的語の間にかなり長く複雑な前置詞句が挟まれているものの、核となる構造は、such a theory (S) excites (V) inveterate dislike (O) なので、5文型で表すなら正解は 3 ということになります。

正解　　3 SVO

241

さて、このような生き方に関する考え方は多くの人に、そして中でも思慮や志の点で最も尊敬すべき人の一部に、根強い嫌悪感を引き起こすものだ。

難易度 ★★★／（正解率33%）

He is still very handsome, (　　　), of course, he looks older, and he is not so—so animated as he used to be.

Henry James (1880): *Washington Square*

空欄に入るのは？

1 however

2 despite

3 nevertheless

4 only

単語・語句

☐ animated 「生き生きとした、活気のある」

ヒント

1 絶対にありえないものをまずは消去しよう。

2 易しいけれど、意外な意味、用法を持つ単語には注意。

空欄の前後が逆接的な内容になっているのは明らかなので、逆接のイメージが強いhoweverやneverthelessに目が行きやすいかも。Twitter上では約6割の人が 1 もしくは 3 の選択肢を選びました。

　第22、23問の英文と同じく、ヘンリー・ジェイムズの小説『ワシントン・スクエア』からの抜粋。これは物語の終盤で、ヒロインであるキャサリンが自分を見捨てたタウンゼントと再会したシーンの描写です。

　選択肢を見て、まずは、 2 のdespiteを消去したいところ。この語は原則として前置詞の用法しかなく、後ろに名詞句を伴わない形で用いることはできません。残りの選択肢を見た際に、空欄の前後が逆接の関係になっていそうであるというところから、 1 のhoweverと 3 のneverthelessに目が行くかと思いますが、ではどちらを入れるべきか、と問われるとなかなか迷ってしまうのではないかと思います。

　こういう場合、残っている選択肢 4 のonlyが怪しいのではないか、という考え方も英語力とは無関係ですが、クイズや謎解きで正解する上では重要ですね。実際、今回の正解は 4 のonlyとなっているわけですが、どうしてかと言うと実はonlyには「ただし…、しかし…」を意味する等位接続詞としての用法があるからです。もちろん、それだけならhoweverとneverthelessがダメな理由にはなりません。実は、これら2つの語は意味からして接続詞っぽいイメージがありますが、接続

副詞と呼ばれるもので、節と節をそのままつなげる力は持っていないのです。これらを使って、節を結びつけたい場合、以下のように一度、文を切るか、あるいは、セミコロン (;) などで接続の部分を補うのが一般的です。

例 My mother was opposed to this plan. However, I put it into practice anyway.

My mother was opposed to this plan; however, I put it into practice anyway.

「母はこの計画に反対した。しかしながら、私はとにかくそれを実行に移した」

　今回の英文では文は区切られておらず、また、セミコロン (;) のようなパンクチュエーションもないので、however や nevertheless を入れるのには適していないということになり、接続詞の用法を持つ ④ の only を選択することになります。なお、今回の例文はたまたま19世紀の文学作品でしたが、only を接続詞として用いる用法は現代英語でも認められているものなので、知らなかった人は辞書などで確認しておくとよいでしょう。

正解 ④ only

訳例

彼はかわらず精悍な顔つきをしていた。ただし、もちろん、外見は老いていたし、それほど、つまり、昔ほどは活気には満ちていなかった。

16 me time?

次の文を読んでみて下さい。すぐに文の構造と意味がわかるでしょうか。

Apparently she's taking some much-needed me time.

知っている人には何ということのない文ですが、そうでない人にとっては、some much-needed me timeのところがどうつながっているのかがはっきりせず、難しいと感じるかもしれません。

実は、me timeというのは「（特に女性にとっての）好きなことをやってくつろぐための時間」を意味するスラングで、文全体の意味は「どうやら彼女は待ち望んでいた自分のためだけの時間を満喫しているようだ」となります。このスラングはもともと女性誌などから広まったもので、仕事と家庭を両立させねばならず、自分だけの時間を作るのがますます難しくなっている現代の女性の事情を背景にした言葉とされています。

シンプルで基本的な語が特殊な用法で用いられている場合、実は難単語よりも厄介です。幸い、今はインターネットで俗語や新語などもある程度は調べられるので、見慣れた単語ばかりでも自分の知っている文法や語法で説明できない文が出てきたら、ネット辞書などでその都度調べるようにしましょう。

難易度 ★★★★ ／（正解率39%）

'Good heavens! You propose to sink a shaft through the earth's crust?'

He closed his eyes with ineffable complacency.

'You see before you,' he said, 'the first who will ever pierce that horny hide. I may even put it in the present tense and say <u>who has pierced it</u>.'

Conan Doyle (1928): "When the World Screamed"

下線部 who has pierced it の who は？

1 関係代名詞

2 疑問代名詞

単語・語句

- ☐ good heavens 「なんてこった」
- ☐ crust 「地殻」
- ☐ ineffable 「言いようのない、言葉に尽くせない」
- ☐ pierce 「貫く、穴をあける」
- ☐ horny 「ガチガチの、硬い」
- ☐ hide 「獣皮、外皮」

ヒント

1 専門家のピアレス・ジョーンズとチャレンジャー教授の会話。

2 I may even put it の it が何を指しているかに注意しよう。

sayの直後にあることから名詞節と判断し、疑問代名詞と答えてしまった人もいるのでは?

　チャレンジャー教授が登場するコナン・ドイルのSF小説シリーズからの抜粋です。この作品ではアルトワ式掘抜井戸の専門家のピアレス・ジョーンズという人物がサポートを求められ、チャレンジャー教授のもとに赴くと、生きている地球に穴をあけて人間の存在を知らしめる、というとんでもない話を聞かされます。

　冒頭のピアレスの発言と、それに対する教授の様子の描写は単語や語句の意味さえわかれば問題ないはずです。「地球に棒を突き刺すつもりか」と驚くピアレスと、それを満足気に聞いているチャレンジャーが描写されています。続いて、チャレンジャーのセリフですが、1文目は、he saidが途中で挿入されていることさえしっかりと把握すれば難しくありません。You (S) see (V) (before you) the first …(O)「あなたの目の前にいるのは…最初の人だ」となります。

　問題は2文目からです。I may even put it in the present tenseとありますが、これはどういうことでしょうか。put…in the present tense「現在時制で表現する」と言っていることから、自身の言葉について、しかも、もともと現在時制ではない表現について語っていることではないかと考えることが重要です。そこで再び1文目に目を向けると、who will ever pierce that horny hideの部分がwillを用いた未来を表す表現になっていることがわかります。そこで、I may even put itのitは、will

を含むこのwho節のことだと考えてみましょう。そうすると、I may even put it in the present tense and say who has pierced it の部分は「私はwho will ever pierce that horny hide というのを現在時制に言い換えて、who has pierced it と言ったってよい」という意味を表しているということが見えるのではないでしょうか。

　つまり、ここのwho has pierced it というのはwho will ever pierce that horny hide を言い換えた形であり、"who has pierced it" という言葉それ自体を指していると考えることができます。the first にかかる関係代名詞節であるwho will ever pierce that horny hide を現在時制（現在完了形も厳密に言うと現在時制の完了相なので時制としては現在に分類されます）に言い換えたものですから、当然、who has pierced it も関係代名詞節ということになり、who は関係代名詞です。

正　解　　1 関係代名詞

訳　例

　「なんてことだ。あなたは地球の表面に棒を突き立てると言うのですか」
　彼は何とも言えない満足気な様子で目を閉じた。
　「君の目の前にいるのは、初めてあの硬い外皮を突き破ることになる人物だ。いや、現在形にして、「初めて突き破った」とさえ言ってもよかろう」

採点表

問題番号	タイトル	★の数	正解
01	節の働きを見極めよう	2	
02	文章の流れもヒントに	1	
03	意味と構造に目を向けよ	2	
04	否定に惑わされるな	2	
05	要素の移動に注意	2	
06	複雑な節構造	3	
07	文の骨格を見極めよ	2	
08	挿入されているもの	3	
09	難語の意味を推測	2	
10	並列関係にご用心	2	
11	文型を見極める	3	
12	述語動詞はいくつ?	2	
13	特殊な構文に挑戦	3	
14	文意も捉えないと…	3	
15	紋切型公式主義の罠	4	
16	節のタイプは何?	3	
17	レトリックにご用心	3	
18	節構造をしっかり捉えよう	3	
19	名詞化構文の解析	2	
20	何を対比している?	2	
21	意外な意味を持つ熟語	2	
22	疑問文によるレトリック	2	
23	前置詞を含む言い回し	2	
24	命令文の意外な使い方	3	
25	that の役割いろいろ	2	
26	just because の構文	2	
27	主語と動詞を見極めよう	2	
28	名詞句の構造の予測	3	
29	特殊な構文に再挑戦	3	
30	as much as	2	
31	that 節の用法に注意	4	

問題番号	タイトル	★の数	正解
32	動名詞と現在分詞を区別できる?	2	
33	文意の読み取り	2	
34	誤植を見抜けるか?	2	
35	so…that 構文?	3	
36	誰の発言?	4	
37	but の用法	2	
38	意外なイディオム	2	
39	as と otherwise の用法	3	
40	どのタイプの倒置?	2	
41	仮定法に注意	2	
42	倒置?　それとも…	3	
43	前後の関係は	3	
44	どちらの that 節?	3	
45	語順に注意	2	
46	語の並びに敏感に	4	
47	最後までしっかり読もう	3	
48	節のタイプは何?	2	
49	不要な語はどれ?	3	
50	接続詞が結ぶのは?	4	
51	前置詞句の使い分け	2	
52	意外な熟語?	2	
53	見た目にご用心	4	
54	誰の問いかけ?	3	
55	that 節の見極め	2	
56	couldn't と比較構文	2	
57	流れを読もう	2	
58	動詞の用法に注意	2	
59	意外な接続詞?	3	
60	メタ的な表現	4	

/ 153

英 文 出 典 一 覧

第**01**問　Steven Pinker (2018) *Enlightenment Now: The Case for Reason, Science, Humanism, and Progress,* Penguin Random House LLC (p.185)

第**02**問　Theresa May (2016) "Britain, the great meritocracy"
（https://www.gov.uk/government/speeches/britain-the-great-meritocracy-prime-ministers-speech）

第**03**問　George Orwell［(1941) 2003］"England Your England"
（http://gutenberg.net.au/ebooks03/0300011h.html）

第**04**問　George Orwell［(1945) 2008］*Animal Farm,* Penguin Books Ltd (p.79)

第**05**問　Inazo Nitobe［(1899) 2004］*Bushido, The Soul of Japan,* The Project Gutenberg eBook
（https://www.gutenberg.org/cache/epub/12096/pg12096-images.html）

第**06**問　"Trump Engaged in Suspect Tax Schemes as He Reaped Riches From His Father", *The New York Times* (2018/10/2)
（https://www.nytimes.com/interactive/2018/10/02/us/politics/donald-trump-tax-schemes-fred-trump.html）

第**07**問　*The Economist* Twitter (2020/11/13)
（https://twitter.com/TheEconomist/status/1327194534380515330?ref_src=twsrc%5Etfw）

第**08**問　Richard Marsh［(1905) 2011］*A Duel,* The Project Gutenberg eBook
（https://www.gutenberg.org/cache/epub/38054/pg38054-images.html）

第**09**問　"Fossil of 328 million-year-old octopus relative still has suckers on its arms", *CNN* (2022/3/8)
（https://edition.cnn.com/2022/03/08/world/oldest-octopus-ancestor-fossil-scn/index.html）

第**10**問　John Stuart Mill［(1863) 2004］*Utilitarianism,* The Project Gutenberg eBook
（https://www.gutenberg.org/cache/epub/11224/pg11224-images.html）

第**11**問　Mark Twain［(1889) 2004］*A Connecticut Yankee in King Arthur's Court,* The Project Gutenberg eBook（https://www.gutenberg.org/cache/epub/86/pg86-images.html）

第**12**問　*Los Angeles Times* Twitter（2021/8/4）
（https://twitter.com/latimes/status/1422932845266448388?s=20）

第**13**問　David Crystal（2017）*Making Sense: The Glamorous Story of English Grammar*, Oxford University Press（p.41）

第**14**問　John B. Bury［（1913）2004］*A History of Freedom of Thought*, The Project Gutenberg eBook（https://www.gutenberg.org/cache/epub/10684/pg10684-images.html）

第**15**問　Richard Storry（1960）*A History of Modern Japan*, Penguin Books（p.111）

第**16**問　H.G. Wells［（1896）2005］*The Island of Dr. Moreau*, The Project Gutenberg eBook
（https://www.gutenberg.org/cache/epub/159/pg159-images.html）

第**17**問　"Who, it may be asked, was Finnegan?", *The Guardian*（1939/5/12）
（https://www.theguardian.com/news/1939/may/12/mainsection.fromthearchive）

第**18**問　Simon Horobin（2018）*The English Language*, Oxford University Press（p.8）

第**19**問　Simon Horobin（2018）*The English Language*, Oxford University Press（p.36）

第**20**問　Michael J. Sandel（2020）*The Tyranny of Merit*, Farrar, Straus and Giroux（p.64）

第**21**問　Rolf Dobelli（2013）*The Art of Thinking Clearly*, Harper Collins Publishers（p.74）

第**22**問　Henry James［(1880)2015］*Washington Square*, Penguin Classics, The Project Gutenberg eBook
（https://www.gutenberg.org/files/2870/2870-h/2870-h.htm）

第**23**問　Henry James［(1880)2015］*Washington Square*, Penguin Classics, The Project Gutenberg eBook
（https://www.gutenberg.org/files/2870/2870-h/2870-h.htm）

第**24**問　Robert Louis Stevenson［(1883)2006］*Treasure Island*, The Project Gutenberg eBook
（https://www.gutenberg.org/cache/epub/120/pg120-images.html）

第**25**問　Ambrose Bierce［(1890)2019］"The Middle Toe of the Right Foot", The Project Gutenberg eBook
（https://www.gutenberg.org/files/4366/4366-h/4366-h.htm#page235）

第26問　Michael J. Sandel〔(2009) 2010〕*Justice: What's the Right Thing to Do?*, Penguin Books（p.106）

第27問　Edwin O. Reischauer and Marius B. Jansen（1995）*The Japanese Today: Change and Continuity*, Belknap Press: An Imprint of Harvard University Press（p.114）〔Edwin O. Reischauer（1977）*The Japanese*を改訂したもの〕

第28問　*CNN* Tweet（2020/3/27）
（https://twitter.com/CNN/status/1243411055218327552?s=20）

第29問　Clive Bell（1938）*Civilization: An Essay*
（https://archive.org/details/in.ernet.dli.2015.226435）

第30問　Queen Elizabeth's annual Christmas Speech, 2021
（https://www.royal.uk/christmas-broadcast-2021）

第31問　Richard T. Kight（1946）"The Rescueman's Creed"
（https://www.sarsat.noaa.gov/search-and-rescue/）

第32問　"2021 Could Be the Biggest Wedding Year Ever. But Are Guests Ready to Gather?", *TIME*（2021/5/29）
（https://time.com/6051959/weddings-covid-19/）

第33問　*CNN* Twitter（2020/6/24）
（https://twitter.com/cnni/status/1275602323029528577?s=20）

第34問　"Japan medical schools 'rigged women's results'", *BBC News*（2018/12/14）
（https://www.bbc.com/news/world-asia-46568975）

第35問　Nathaniel Hawthorne〔(1837) 1897〕"Dr. Heidegger's Experiment" in: *Little Masterpieces*, The Project Gutenberg eBook（p.178）
（https://www.gutenberg.org/files/39716/39716-h/39716-h.htm#Dr_Heideggers_Experiment）

第36問　Henry Rider Haggard〔(1905) 2002〕*Ayesha: The Return of She*, The Project Gutenberg eBook
（https://www.gutenberg.org/files/5228/5228-h/5228-h.htm）

第37問　Henry Rider Haggard〔(1921) 2002〕*She and Allan*, The Project Gutenberg eBook
（https://www.gutenberg.org/files/5745/5745-h/5745-h.htm）

第38問　Henry Rider Haggard〔(1885) 2009〕*King Solomon's Mines*, A Project Gutenberg of Australia eBook

（https://gutenberg.net.au/ebooks/z00012.html）

第39問　Richard Dawkins［(1976) 2006］*The Selfish Gene*, Oxford University Press（p.2）

第40問　Edward George Earle Lytton Bulwer［(1833) 2012］"Remarks on Bentham's Philosophy", Wikisource
（https://en.wikisource.org/wiki/Remarks_on_Bentham%27s_Philosophy）

第41問　Arthur Conan Doyle［(1915) 2009］*The Valley of Fear*, The Project Gutenberg eBook
（https://www.gutenberg.org/files/3289/3289-h/3289-h.htm）

第42問　"A Giant Volcano Could End Human Life on Earth as We Know It", *The New York Times*（2019/8/21）
（https://www.nytimes.com/2019/08/21/opinion/supervolcano-yellowstone.html）

第43問　David Hume［(1739) 2016］*A Treatise of Human Nature*, The Project Gutenberg eBook
（https://www.gutenberg.org/files/53792/53792-h/53792-h.htm）

第44問　Richard Marsh［(1897) 2002］*The Beetle: A Mystery*, The Project Gutenberg eBook
（https://www.gutenberg.org/files/5164/5164-h/5164-h.htm）

第45問　Alain de Botton（2006）*The Architecture of Happiness*, Hamish Hamilton（p.121）

第46問　John Stuart Mill［(1859) 2011］*On Liberty*, The Project Gutenberg eBook
（https://www.gutenberg.org/files/34901/34901-h/34901-h.htm）

第47問　Robert Louis Stevenson［(1882) 2009］"The Adventure of the Hansom Cabs" in: *The Works of Robert Louis Stevenson—Swanston Edition* Vol.4, The Project Gutenberg eBook
（https://www.gutenberg.org/files/30700/30700-h/30700-h.htm）

第48問　John Stuart Mill［(1873) 1989］*Autobiography*, Penguin Classics（p.48）

第49問　オリジナル英文

第50問　Samuel Johnson［(1755) 2004］"Preface to a Dictionary of the English Language", The Project Gutenberg eBook
（https://www.gutenberg.org/cache/epub/5430/pg5430.html）

第51問 Yuval Noah Harari (2018) *21 Lessons for the 21st century*, Spiegel and Grau (p.216)

第52問 "Japan swelters in its worst heatwave ever recorded" *BBC News* (2022/7/1) (https://www.youtube.com/watch?v=_1AjMAPtmtQ)

第53問 "The Our Father", Catholic Online (https://www.catholic.org/prayers/prayer.php?p=216)

第54問 George Orwell [(1936) 2002] "Shooting an Elephant", A Project Gutenberg of Australia eBook (http://gutenberg.net.au/ebooks02/0200141.txt)

第55問 "Will Universities Require Coronavirus Vaccination for Students?", VOA Learning English (2021/1/30) (https://learningenglish.voanews.com/a/will-universities-require-coronavirus-vaccination-for-students-/5754376.html)

第56問 オリジナル英文

第57問 David Crystal (2017) *Making Sense: The Glamorous Story of English Grammar*, Oxford University Press (p.182)

第58問 John Stuart Mill [(1863) 2004] *Utilitarianism*, The Project Gutenberg eBook (https://www.gutenberg.org/files/11224/11224-h/11224-h.htm)

第59問 Henry James [(1880) 2015] *Washington Square*, Penguin Classics, The Project Gutenberg eBook (https://www.gutenberg.org/files/2870/2870-h/2870-h.htm)

第60問 Arthur Conan Doyle [(1928) 2001] "When the World Screamed", A Project Gutenberg of Australia eBook (https://gutenberg.net.au/ebooks01/0100031h.html)

索引

ま

ら

北村一真（きたむらかずま）

1982年生まれ。慶應義塾大学大学院後期博士課程単位取得満期退学。学部生、大学院生時代に関西の大学受験塾、隆盛ゼミナールで難関大受験対策の英語講座を担当。滋賀大学、順天堂大学の非常勤講師を経て、2009年に杏林大学外国語学部助教に就任。2015年より同大学准教授。著書に『英文解体新書』（研究社）、『英語の読み方』（中公新書）、『知識と文脈で深める　上級英単語LOGOPHILIA』（共著、アスク出版）、『ジャパンタイムズ社説集2022』（解説執筆、ジャパンタイムズ出版）、『英文読解を極める　「上級者の思考」を手に入れる５つのステップ』（NHK出版新書）など。

文法知識と読解力を高める
上級英文解釈クイズ 60

2023年6月10日　第一刷発行
2023年8月31日　第二刷発行

著　者　北村一真

発行者　小柳学
発行所　株式会社左右社
　　　　〒151-0051
　　　　東京都渋谷区千駄ヶ谷3-55-12 ヴィラパルテノンB1
　　　　TEL:03-5786-6030
　　　　FAX:03-5786-6032
　　　　https://www.sayusha.com

装　幀　三森健太（JUNGLE）
印　刷　創栄図書印刷株式会社

©Kazuma KITAMURA 2023, Printed in Japan
ISBN978-4-86528-371-6